dtv
premium

Christian Berg · Manuel J. Hartung

# Welt retten für Einsteiger

30 Gründe
für ein gutes Gewissen

Deutscher Taschenbuch Verlag

*Für unsere Kinder und ihre Generation*

FSC
Mix
Produktgruppe aus vorbildlich bewirtschafteten Wäldern und anderen kontrollierten Herkünften

Zert.-Nr. GFA-COC-1298
www.fsc.org
© 1996 Forest Stewardship Council

Der Inhalt dieses Buches wurde auf einem nach den Richtlinien des Forest Stewardship Council zertifizierten Papier der Papierfabrik Munkedal gedruckt.

Originalausgabe
Dezember 2007

www.dtv.de

Umschlagkonzept: Balk & Brumshagen
Umschlaggestaltung: Stephanie Weischer unter Verwendung eines Bildmotivs von Corbis/Images.com
Satz: Greiner & Reichel, Köln
Gesetzt aus der LinoLetter 8,75/13˙
Druck und Bindung: Kösel, Krugzell
Gedruckt auf säurefreiem, chlorfrei gebleichtem Papier
Printed in Germany · ISBN 978-3-423-24649-1

# Inhalt

# Vorwort

Die Idee für dieses Buch entstand neben einer großen Mülltonne in Hamburg-Harvestehude. Davor: eine Frau Ende zwanzig, unterm linken Arm einen Stapel ausgelesene Zeitungen, in der linken Hand drei große Batterien, in der rechten einen Sack mit Bananenschalen und Bierflaschen, Milchtüten und Margarinepackungen. Sie klappt die Mülltonne auf und lässt den schwarzen Deckel an den Tonnenkorpus donnern. Sie lehnt sich vor, wuchtet erst die Zeitungen in die Tonne, schmeißt die Batterien hinterher, bugsiert dann die Küchenabfälle hinein. Einer der Autoren steht daneben und guckt einen Moment betreten. Einen Moment zu lang. Die Frau fühlt sich ertappt und erzählt ihrem schweigenden Gegenüber: »Müll trennen bringt doch sowieso nichts, das wird nachher eh zusammengeschmissen.« Es folgt ein längeres Gespräch über Mülltrennung und Umweltschutz, den eigenen Schweinehund und den Sinn des Lebens. Gegen Ende sagt sie: »Ich würde ja gern was tun – aber was?« Pause. »Wir telefonieren.«

Kommt Ihnen bekannt vor? Das ist Alltag in Deutschland – viele wollen was tun, viele wollen sich engagieren. Viele sind aufgerüttelt durch die Nachrichten: Wie sich das Klima wandelt, wie die Umwelt leidet, wie sich die Welt verändert. Viele möchten gern nachhaltiger leben. Doch sie wissen nicht genau, wie. Diese Verwirrung ist normal: In der Politik regiert das Hin und Her, die Welt gilt als komplex, die Ansichten der Wissenschaft scheinen sich ständig zu ändern – Studie, Gegenstudie, mal gilt etwas als gut, dann plötzlich wieder als schlecht. Wer soll da noch durchblicken? Und wer hat vor allem die Zeit, sich den Durchblick zu verschaffen? Job, Kinder, Familie, Freunde – unser Alltag ist oft sehr stark durchgeplant.

Wem soll man nur vertrauen? Vielmehr: Wem *will* man überhaupt vertrauen? Denn wer Rat gibt, hat kein sonderlich gutes Image: Die einen gelten als angestrengte Ökos, die in selbst gestrickten Pullovern Askese und Umkehr predigen, die anderen als Post-68er-Gutmenschen, die von der Rettung der Welt sprechen, aber selbst nach einem ganz anderen Motto verfahren: »Links reden, rechts leben.« Zugegeben: Die Birkenstockträger und Ökobewegten von gestern waren wichtig. Sie haben die Welt schon sehr früh für Umweltschutz interessiert. Doch solche Botschaften waren auch Ausdruck und Mittel ihrer Zeit. Seien wir ehrlich: Bußpredigten locken kaum jemanden mehr von seinem Sofa herunter. Wer heute nur mit Schreckensszenarien an die Öffentlichkeit geht, wer heute die große Umkehr predigt, der wird keinen Erfolg haben. Mit Horrorvisionen erregt man höchstens kurzfristig Aufsehen, kann aber kaum auf Dauer motivieren. Wer nur ganz abstrakt und moralisch appelliert und mit Tremolo in der Stimme sagt: »Jetzt rettet doch endlich die Welt!«, hat keinen Erfolg, wenn er nicht erklärt, wie das konkret gehen kann. Das aber tut ›Welt retten für Einsteiger‹.

Dieses Buch ist ein Buch für die vielen, die keine lethargischen Nichtstuer sind. Für die, die etwas tun wollen, ohne gleich ihr ganzes Leben umkrempeln zu müssen. Für die, die nachhaltiger leben wollen, ohne Verbotslisten auswendig zu lernen und auf die schönen Dinge verzichten zu müssen. Für die, die in ihrem Alltag einen kleinen Schritt in die richtige Richtung gehen wollen – und so zumindest damit anfangen, die Welt zu retten. Und die dann zu einer neuen Ökobewegung gehören, einer Ökobewegung von heute, die sich vielleicht gar nicht Ökobewegung nennt.

Denn mit den kleinen Schritten kann es losgehen. Viele kleine Schritte können etwas anstoßen – die großen politischen Schritte etwa, die es braucht, um die Welt auf lange Sicht lebenswert zu erhalten. Wie sollen Politiker etwas in Bewegung setzen, wenn sie nicht merken, dass ihre Wähler das einfordern? Wie sollen Unternehmen etwas verändern, wenn sie die Macht der Konsumenten nicht spüren? Man darf Politikern nicht vorwerfen, dass sie Mehrheiten suchen, ebenso wenig Unternehmen, dass sie Gewinne machen wollen. Aber beide, Politik und Wirtschaft, hängen letztlich ab von uns allen, von Wählern und Verbrauchern. Und deshalb sind auch die vielen kleinen Schritte unverzichtbar; sie schaffen Bewusstsein, erzeugen Druck auf Entscheidungsträger – und sie bewirken oft mehr, als man denkt.

Dieses Buch ist eine kleine Handlungsanleitung, wie ›Welt retten für Einsteiger‹ gelingen könnte. Dieses Buch will Sie dazu inspirieren, ein kleines bisschen die Welt zu retten. Es soll Ihnen zeigen, wie Sie ohne riesigen Aufwand, ohne großen Stress und ohne ideologischen Überbau nachhaltiger leben können. Und wenn noch ein paar andere mitmachen, dann haben wir wirklich was erreicht.

Denn der eigentliche Feind sind ja nicht die, denen man sonst so gern die Schuld gibt: den Politikern, die doch nur ihre Wahlen gewinnen wollen, oder der Wirtschaft, die nichts als Profit im Sinn hat, der Globalisierung, die sowieso niemand beeinflussen kann – oder am besten gleich den Amerikanern, dem Lieblingsfeindbild von ganz vielen. Mit solch beeindruckenden Gegnern lässt es sich gut leben, selbst wenn man weiß, dass der eigentliche Feind nicht das Feindbild ist – sondern der innere Schweinehund.

Am besten steigen Sie gleich ein, irgendwo in diesem Buch. Probieren Sie es doch mal aus mit einem der ›30 Gründe für ein gutes Gewissen‹, die Sie auf den kommenden Seiten finden. Einfach loslegen. Denn sonst ist es wie mit dem undurchdringlichen Chaos in der Rumpelkammer oder beim Riesenstapel der schon seit Monaten überfälligen Post – wenn man kein konkretes Ziel hat, bewegt man sich gar nicht. Steigen Sie ein! Machen Sie mit! Und lassen Sie sich überraschen von Dingen, die Sie noch nicht wussten!

Noch etwas: Am Ende jeder Geschichte gibt es eine kleine Übersicht, die die wichtigsten Punkte noch einmal zusammenfasst. Dort ist auch ein »Gutes-Gewissen-Faktor« enthalten. Damit wollen wir konkret benennen, wie wichtig die beschriebene Handlung ist. Wir berücksichtigen dabei drei Kategorien, die jeweils mit 1 bis 3 bewertet werden: Häufigkeit der Anwendung (von einmalig [1] bis häufig [3]), Effekt für mehr Nachhaltigkeit (von gering [1] bis groß [3]) sowie der mit der Aktion verbundene Aufwand (ebenfalls von gering [1] bis groß [3]). Am Schluss wird alles zusammengezählt, so dass der Gutes-Gewissen-Faktor eine Zahl zwischen 3 und 9 ist. Eine Sache, die man nur einmal tun muss, die aber eine große Wirkung hat und dazu noch sehr anstrengend zu bewerkstelligen ist, bekommt dann den Gutes-Gewissen-Faktor 7: 1+3+3. Diese Zahl kann Ihnen auf den ersten Blick zeigen, wie stark die jeweilige Idee zu Ihrem guten Gewissen beitragen kann.

Dieses Buch ist nicht nur das Werk der beiden Autoren, die auf dem Cover stehen: Es war nur möglich, weil viele mitgeholfen haben – viele Kollegen aus dem Think Tank 30 Deutschland, dem jungen Think Tank des Club of Rome. Sie haben einen großen Teil der Recherche für die einzelnen Kapitel übernommen. Wer für was zuständig war, das steht ganz am Ende des Buches.

Alles klar? Dann fangen Sie an! Viel Spaß beim Weltretten.

## Kapitel 1
## Endlich nachhaltiger Auto fahren

Markus war schon als Grundschüler richtig ideologisch eingenordet: Jeden Morgen lief er mit seinen beiden besten Freunden zur Grundschule, irgendwann in den achtziger Jahren, irgendwo jwd in Hessen, farbigen Scout-Ranzen auf dem Rücken, grellbunten Sportbeutel von McNeill in den Händen. Jeden Morgen fuhr genauso vorhersagbar ein roter Peugeot an Markus und seinen Freunden vorbei. Darin: ihre Klassenkameradin Jessica, die von ihrer Mutter in die Grundschule chauffiert wurde. Kaum kreuzte der Peugeot ihr Blickfeld, fingen die drei Jungs an zu skandieren: »Umweltverschmutzer, faule Säcke, Um-welt-verschmut-zer, fau-le Sä-cke!!« Markus' Eltern hatten (als sie etwas älter waren als er) wohl ähnlich inbrünstig etwas anderes gerufen: »Ho-ho-ho-Chi-Minh«.

Dieser Markus aber, der schon so früh auf Linie war, machte Abitur, studierte und wurde dann Manager in einem Medienunternehmen. Und er tat etwas, das in etwa so ist, als wenn Franz Müntefering plötzlich bei einem Hedge-Fonds anheuerte: Er kaufte sich ein Auto, erst einen rostigen Golf, dann einen Honda Legend, fast ein Drei-Liter-Auto, allerdings nicht mit drei Litern Benzinverbrauch auf hundert Kilometern, sondern mit über drei Litern Hubraum (und 295 PS).

Auf sein Auto würde Markus nie verzichten, zum Zufußgehen hat er keine Zeit, er ist viel unterwegs, und ein dicker Schlitten imponiert ja auch Geschäftspartnern und Praktikantinnen. Trotzdem würde er gern etwas tun, vor allem für sein Gewissen, aber auch ein bisschen für die Umwelt.

Also lernt Markus eines: nachhaltig Auto zu fahren.

Hätte der junge Markus den Begriff »nachhaltiges Autofahren« gekannt, ihm hätte sich der Magen umgedreht. »Nachhaltig

Auto fahren«, das ist ein Oxymoron, so was wie böse-gut oder ein eckiger Kreis – Autofahren kann per se nicht nachhaltig sein.

Oder?

Doch – zumindest gibt es ein Mehr oder Weniger.

Verschiedene Studien belegen eindeutig, dass allein durch spritsparendes Fahren – eine, wie wir sehen werden, sehr einfache Maßnahme – jeder Autofahrer seinen Benzinverbrauch um bis zu 20 Prozent reduzieren könnte; außerdem könnte jeder Autofahrer durch eine solche Fahrweise im Schnitt 200 Euro im Jahr einsparen – die rasenden Vielfahrer leicht ein Mehrfaches davon. Auch die Emissionen von Kohlendioxid ($CO_2$) könnte man deutlich senken – das ist wichtig, weil $CO_2$ das wichtigste Treibhausgas ist, also zur globalen Erwärmung beiträgt. $CO_2$ entsteht, wenn man organische Substanzen verbrennt, neben Holz zum Beispiel auch alle fossilen Brennstoffe, also Öl, Kohle oder Gas. Das Schlimme: $CO_2$ bleibt in der Atmosphäre und verteilt sich auf dem ganzen Globus.

Täglich könnten durch eine andere Fahrweise allein in Deutschland 90 000 Tonnen $CO_2$ eingespart werden, was dem Gewicht eines großen Frachtschiffes entspricht.

Nachhaltiger Auto fahren, das bedeutet zum Beispiel, den Benzinverbrauch auf simpelste Art und Weise zu reduzieren (und dabei noch einen Gutteil aller Staus abzubauen, viele Blechschäden zu vermeiden sowie auf jede Menge Stress zu verzichten): einfach nicht mehr so dicht aufzufahren.

Denn am besten fährt Markus auf der Autobahn, wenn er die Bremse nie benutzen muss. Oder etwas realistischer: möglichst selten. Warum? Wenn er genug Sicherheitsabstand hat zu seinem Vordermann auf der linken Spur – denn natürlich fährt Markus stets links, wie viele Männer, während viele Frauen auf der Mittelspur parken –, wenn also Markus' Vordermann bremst, muss der eigene Abstand groß genug sein, dass genug Zeit bleibt, um selber zu bremsen. Oder um nicht zu bremsen. Also: um abzuschätzen, ob er auch wirklich bremsen muss.

Wenn Markus aber die ganze Zeit schon dem Mercedes-Fahrer vor ihm an der Stoßstange klebt, dann hat er keine Zeit zum Überlegen: Er muss bremsen, sonst knallt sein Honda gegen den Benz und Markus selbst in seinen Airbag.

Doch selbst wenn er keinen Unfall verursacht, ist oft genug ein Stau die Folge. Denn in jedem Fall muss Markus bremsen, schnell und heftig. Nun kann kaum einer von sich behaupten, er könne exakt so dosiert bremsen, dass er genau die Geschwindigkeit seines Vordermanns annimmt. Sprich: Er wird stärker bremsen müssen, also langsamer werden als der Vordermann. Und da der Opelfahrer hinter Markus ebenfalls nicht exakt bremsen kann, steigt auch er stärker in die Eisen als der Fahrer vor ihm.

Die Erinnerung an seinen Mathe-Unterricht der achten Klasse macht Markus schnell klar: Wenn jeder auch nur ein wenig stärker abbremst als der Vordermann, dann dauert es nicht lange, bis das erste Auto stillsteht. Konkret: Der Benz fährt 140 km/h und bremst abrupt auf 100 ab. Markus fährt auch 140, und da er nicht exakt bremsen kann und keinen Unfall verursachen will, drosselt er seine Geschwindigkeit auf 90. Der Opelfahrer hinter ihm, etwa bei 135, landet bei 85, der Mann hinter ihm bei 70 – und so weiter und so fort.

Wenn jeder nur 5 km/h stärker abbremst als nötig, ist schon nach zwei Dutzend Autos Schluss mit dem Fahren und es gibt einen Stau – und zwar einen Stau aus dem Nichts, einen Stau ohne Grund. Sobald die ersten Autos zum Stehen kommen, wächst die Schlange rasch an – es kommen hinten viel mehr schnell fahrende Autos an, als vorn langsame wegfahren können. Deshalb gibt es ab einer bestimmten Verkehrsdichte oft sehr schnell beachtliche Staus ohne Grund. Und wer kennt das nicht – nichts ist ärgerlicher als ein Stau, den man nicht versteht!

Kaum hat der erhitzte Autofahrer einen solchen Nonsens-Stau hinter sich gelassen, gibt er ordentlich Gas, schimpft auf diejenigen, die »nicht richtig fahren können«, und schiebt einen Vordermann nach dem anderen per Lichthupe auf die rechte Spur, um mit Volldampf bis zum nächsten Vordermann weiterzudüsen.

Was hätte Markus tun können? Er hätte mehr Abstand halten können, er hätte dann mehr Zeit zum Überlegen gehabt und seine Geschwindigkeit exakt auf 100 drosseln können. Oder aber er hätte gesehen, dass der Benz fälschlicherweise gebremst hat und gleich wieder Gas gibt, und er hätte deshalb vielleicht gar nicht bremsen müssen.

Noch etwas kommt hinzu. »Nicht angepasste Geschwindigkeit«, wie es im Behördendeutsch heißt – sprich: Raserei –, ist die häufigste Unfallursache. Die dritthäufigste ist zu geringer Sicherheitsabstand – so kommt es oft zu Auffahrunfällen: Man selbst kann noch ausreichend bremsen, wenn der Vordermann normal bremst, aber man schafft es oft nicht mehr, wenn der Vordermann kräftig in die Eisen steigt.

Man kann somit jede Menge Unfälle und Emissionen vermeiden, wenn man angepasst fährt. Laut einer Untersuchung des ADAC werden in Deutschland jeden Tag 33 Millionen Liter Treibstoff allein durch Staus in die Luft geblasen. Das ist fast die Menge, die man bräuchte, wenn man alle PKWs einer Großstadt wie Hamburg (mit gut 800 000 Autos) volltanken würde. Allein durch die täglichen Staus entsteht in Deutschland $CO_2$ in einer Menge von etwa 70 000 Tonnen, das sind rund 1800 Sattelschlepper-Ladungen – jeden Tag. Wenn es nur gelingen könnte, durch entsprechendes Fahrverhalten Unfälle und »Staus aus dem Nichts« zu vermeiden und damit ein Viertel dieser täglichen Staus zu vermeiden, könnten im Schnitt in Deutschland jede Minute 12 Tonnen $CO_2$ eingespart werden.

Wenn alle Verkehrsteilnehmer ein solches Verhalten an den Tag legten, würde der Verkehrsfluss insgesamt verbessert werden. Zugleich könnten aber alle nicht mehr so schnell fahren. Man kennt das: An manchen Stellen gibt es inzwischen eine automatische Geschwindigkeitsbegrenzung: Wenn sehr viel los ist auf der Straße, wird die zulässige Höchstgeschwindigkeit automatisch reduziert. Wenn der Verkehr recht dicht ist, zum Beispiel auf 80 Kilometer pro Stunde.

Übrigens: Die Summe der durch Staus jeden Tag verschwen-

**IDEE**
**Nachhaltiger Auto fahren**

**So geht's**
Mehr Abstand halten, unnötiges Bremsen vermeiden, vorausschauend und mit hohem Gang fahren

**Das bringt's**
Jede Menge Benzin wird gespart, weniger $CO_2$-Ausstoß

**Das sind die Nebeneffekte**
Weniger Unfälle, besserer Verkehrsfluss, weniger Stress

**Das muss man berücksichtigen**
Aufmerksam sein

**Wie oft muss man es tun?**
Regelmäßig

**Wie aufwendig ist es?**
Einfach

**Gutes-Gewissen-Faktor (7)**
♣♣♣♣♣♣♣ (Effekt: 3; Häufigkeit: 3; Aufwand: 1)

deten Zeit ist beträchtlich: 13 Millionen Stunden oder 1480 Jahre sitzen alle Deutschen zusammen jeden Tag im Stau.

Was folgt daraus? Es mag einzelne Autofahrer geben, die etwas langsamer ans Ziel kommen, wenn die Masse sich an diese Vorschläge hält. Aber die weitaus meisten kommen rascher, ohne Staus und ohne Unfälle voran.

Dabei kann Markus – und mit ihm jeder andere Autofahrer – mit einigen weiteren Tricks noch deutlich mehr Benzin sparen, wenn er nur etwas aufmerksam ist. Man sollte stets auf niedrige Drehzahlen achten und rasch in den nächsthöheren Gang schalten. 2000 Umdrehungen pro Minute reichen eigentlich vollkommen. Vor einer Ampel auskuppeln und den Wagen ganz langsam ausrollen lassen – das spart bei einer normalen Autofahrt eine ganz gehörige Summe. Und dass man für kurze Fahrten den Wagen besser ganz stehen lassen sollte, werden wir später noch besprechen.

Mit ein bisschen Aufmerksamkeit kann Markus also lernen, nachhaltiger Auto zu fahren – und mit diesem kleinen Schritt ganz erheblich dazu beitragen, die Welt zu verbessern und ein gutes Gewissen zu behalten.

# Kapitel 2
## Ganz einfach Strom sparen

Bei Maria, 32, und Martin, 31, ist derzeit ganz spitzes Rechnen angesagt. Die beiden sind seit vier Jahren liiert, seit drei Jahren leben sie zusammen, und seit fünf Monaten ist Maria schwanger. Maria verdient als freiberufliche Lektorin für mehrere Verlage etwa 2000 Euro brutto im Monat, sie kann vieles absetzen und hat 1500 Euro im Monat netto raus. Martin schreibt an seiner Doktorarbeit in Geschichte und finanziert sich durch ein Promotionsstipendium, das ihm netto 1000 Euro einbringt. Die beiden freuen sich auf das Kind, doch sie wissen nicht, ob – trotz des Elterngeldes – die Summe reichen wird. Zugleich machen sie sich Sorgen wegen des Klimawandels – dessen Folgen ihr Kind ja mit voller Breitseite erwischen werden. Sie wollen zum Klimaschutz beitragen, aber wie? Und vor allem: Mehr kosten darf es einfach nicht. Geht das?

Das geht – wenn man Strom bewusst und klug nutzt. Denn fast jede Kilowattstunde, die über den Stromzähler rattert, verändert das Klima, weltweit. Hinter dem größten Teil des Stroms, der bei uns aus der Steckdose kommt, steht noch immer ein Rohstoff von vorgestern: die Kohle, die wir Deutschen mit mehr als zwei Milliarden Euro pro Jahr subventionieren. Jede eingesparte Kilowattstunde verlangsamt den Klimawandel.

Ein Umkehrprediger würde nun vielleicht fordern, gleich den Fernseher abzuschaffen oder die Spülmaschine. Das würde natürlich Strom sparen. Aber wer würde das wirklich tun?

Die richtige Nachhaltigkeitsstrategie beim Strom heißt: überflüssigen Verbrauch vermeiden, effiziente Technologien nutzen und so den Stromverbrauch senken. Wer dann noch mehr machen will, kann den restlichen Bedarf über erneuerbare Energien decken. Was als globale Energiestrategie sinnvoll, möglich und allerhöchste Zeit wäre, funktioniert im eigenen Haushalt unkompliziert und unmittelbar. Das Beste daran: Das Ganze geht ohne Mehrkosten und ohne dass man sich glänzende Solarmodule oder ein spargeliges Windrad auf das Dach montieren müsste.

Sparen und dabei etwas für die Umwelt tun, geht einfach. Ganz einfach. Mit unserem Zweisprung für Stromintelligenz.

Sprung 1: Strombewusstsein entwickeln. Wie viel kostet eigentlich eine Kilowattstunde, und was hat sie mit dem Klimawandel zu tun? Martin und Maria kramen ihre Stromrechnung hervor. Bislang wussten sie noch nicht einmal, was sie verbraucht haben und was eine Kilowattstunde kostet. Und die beiden haben auch keinen Schimmer, welcher Stromverbrauch eigentlich normal ist. Martin surft im Internet und findet eine Zahl: 3500 Kilowattstunden, heißt es auf der Website eines Öko-Think-Tanks, seien für einen Dreipersonenhaushalt im Jahr normal. Die beiden haben aber zu zweit schon einen Stromverbrauch von 4200 Kilowattstunden im Jahr. Ihr Stromanbieter berechnet ihnen 18 Cent pro Kilowattstunde. Maria rechnet durch: »Wenn wir in die Größenordnung kommen würden, die die hier empfehlen, könnten wir jeden Monat zehn Euro sparen.«

Doch die beiden würden nicht nur Geld sparen, wenn sie weniger Strom verbrauchen. Sondern auch kräftig der Umwelt nutzen. Denn eine Kilowattstunde aus dem Strommix in Deutschland, also dem, was am Ende aus der Steckdose kommt, das bedeutet rund 500 Gramm Kohlendioxid. Ein Dreipersonenhaushalt mit 3500 Kilowattstunden pustet jährlich also etwa 1,7 Tonnen $CO_2$ in die Luft und trägt so kräftig zum Klimawandel bei. 1,7 Tonnen $CO_2$, das ist (bei Normaldruck und Raumtemperatur) übrigens etwa ein halbes Olympiaschwimmbecken voll mit dem Klimagas.

Jetzt wissen Maria und Martin Bescheid. Doch was können sie tun? Eigentlich ist es ganz einfach. Die beiden machen Sprung 2 und führen eine private Energiespar- und -effizienzkampagne durch. Ein bisschen plastischer: Maria und Martin ziehen ihre größten Stromfresser aus dem Verkehr.

Was sind die größten Stromfresser? Natürlich gibt es ein paar übliche Verdächtige: Die Stereoanlage zum Beispiel oder den Fernseher, die beide im Stand-by-Betrieb Unmengen an Strom verschlingen. Einfach die Geräte künftig komplett ausstellen oder sogar den Stecker ziehen – modernen Fernsehern schadet das nicht. Wenn bei Ihnen die ganzen eingespeicherten Sender weg sind, wenn Sie den Stecker ziehen, dann schalten Sie das Gerät zumindest richtig aus – und fragen beim nächsten Kauf danach, ob die Programmierung erhalten bleibt, wenn der Stecker draußen ist.

Das Ergebnis lässt sich sehen: Der WWF weist darauf hin, dass Komplettabschalten der technischen Geräte in einem durchschnittlichen Haushalt 400 Kilowattstunden pro Jahr spart, das sind bei einem Preis von 18 Cent pro Kilowattstunde 72 Euro – und 260 Kilogramm $CO_2$. Riesenstromfresser im Haushalt sind auch Kühl- und Gefrierschränke, die etwa ein Viertel des Stroms zu Hause brauchen. Ein Fünftel geht für Beleuchtung drauf. Billige Geräte fressen oft mehr Strom; Fachleute würden sagen, dass diese sich in einer schlechten Energieeffizienzklasse befinden. Beim Einkauf zu sparen, kann auf Dauer also teurer sein, als gleich ein bisschen mehr auszugeben. Wer die Energieverbräuche durchrechnet, wird oft feststellen, dass sich die beste Energieeffizienzklasse schon innerhalb der Garantiefrist bezahlt macht. Anstatt einen alten Kühlschrank im Keller weiter zu betreiben, sollte man einmal durchrechnen, ob es sich nicht lohnt, diesen fachgerecht zu entsorgen und in einen neuen, sparsamen zu investieren. In den meisten Fällen rechnet sich dies sehr schnell; es schont die Umwelt und es kurbelt die Wirtschaft an.

A++ heißt die beste Klasse; da ist sogar noch eine Abtauautomatik mit dabei. Was sich außerdem auszahlt, ist der Standort des Kühlschranks: Bislang befand sich bei Martin und Maria der Kühlschrank direkt neben dem Herd – das frisst Unmengen Strom; Platten und Ofen sind heiß, und je näher der Kühlschrank dransteht, desto stärker muss er kühlen, um die Lebensmittel kalt zu halten.

Auch die beliebten Halogen-Deckenfluter, die bis zu 300 Watt verbrauchen (lieber öfter abschalten oder komplett gegen etwas anderes austauschen), und Kaffeemaschinen (einfach den Kaffee in die Thermoskanne füllen, anstatt ihn länger auf der Platte zu lassen, ständig erhitzter Kaffee schmeckt ohnehin nicht) gehören zu den stillen Stromfressern. Denn oft merkt man gar nicht, dass sie stundenlang eingeschaltet sind. Wer seinen 300-Watt-Deckenfluter jeden Abend drei Stunden brennen lässt, hat in einem Jahr etwa sechzig Euro allein für diese eine Stromquelle zu bezahlen.

Auch ein Herd braucht richtig viel Strom, dabei kann man die Herdplatten oft schon viele Minuten, bevor man die Töpfe von den Platten nimmt, ausstellen. Und: Selbst bei winzigen Dingen lässt sich sparen – wer beim Kochen ständig den Deckel abhebt oder sogar ganz ohne Deckel kocht, der braucht viel mehr Strom als jemand, der einen Schnellkochtopf benutzt oder einen Topf mit Glasdeckel, der stets freie Sicht aufs Essen bietet. Zudem geht das Garen im Schnellkochtopf rascher und schont die Vitamine.

Wenn Maria und Martin dann noch nicht genug haben, können sie auch die weniger bekannten Stromfresser eliminieren. Dafür sollten sie sich ein Strommessgerät besorgen. Das gibt's in manchen Läden für unter 20 Euro, oder man leiht es sich von einem Energieversorger. Der Strommesser kommt in die Steckdose, in den Strommesser kommt der Stecker eines Gerätes. Wer seine Stromfresser kennt, kann ihnen den Garaus machen: Schalter-Steckerleisten zum schnellen Abschalten von Fernseher und Stereoanlage kosten nur wenige Euro – dadurch verbraucht man locker zehn Prozent weniger Strom und man spart sich, den Stecker zu ziehen. Auch Energiesparlampen amortisieren sich ziemlich schnell. Kein Wunder, dass Australien die herkömmlichen Glühbirnen verboten hat – nur fünf Prozent ihrer Leistung sorgen tatsächlich für Licht, der riesengroße Rest erzeugt Hitze (weswegen man sich bei diesen Lampen immer so gern die Finger verbrennt). Doch selbst wenn man bei herkömmlichen Bir-

**IDEE**
**Strom sparen**

**So geht's**
Stromfresser identifizieren und eliminieren, Stand-by-Betrieb vermeiden

**Das bringt's für die Umwelt**
Weniger Energieverbrauch, weniger $CO_2$-Ausstoß

**Das muss man berücksichtigen**
Häufiger mal den Schalter umlegen

**Wie oft muss man es tun?**
Ständig – wenn man neue Geräte hat, nur gelegentlich

**Wie aufwendig ist es?**
Einfach

**Gutes-Gewissen-Faktor (6)**
(Effekt: 2; Häufigkeit: 3; Aufwand: 1)

nen bleiben will: Ist wirklich immer eine 60-Watt-Birne nötig oder reichen auch mal 40 Watt? Diese Glühbirne verbraucht auch nur zwei Drittel des Stroms. Mit einer kleinen Energiesparkampagne lassen sich bis 80 Prozent der Kosten für Beleuchtung einsparen (die Beleuchtung macht, wie schon erwähnt, etwa ein Fünftel des häuslichen Stromverbrauchs aus).

Das Umweltbundesamt hat errechnet, dass ein normaler Haushalt mit ganz einfachen Mitteln 30 Prozent weniger Strom verbrauchen kann. Das sind, zum Ersten, 30 Prozent weniger Kosten, wenn man sich anstrengt, sogar noch mehr. Maria und Martin haben somit mehr Geld für ihr Baby. Das sind aber auch, zum Zweiten, deutlich weniger Belastungen für die Umwelt. Geld sparen, die Umwelt schonen und, drittens, sich kaum einschränken müssen, weil man einfach den Stecker zieht, mal einen Schalter umlegt oder aber das warme Licht normaler Glühbirnen mit dem etwas kälteren Licht von Energiesparlampen vertauscht. Das sind ja drei Wünsche auf einmal, das geht nun wirklich nicht. Geht doch. Und zwar ziemlich einfach.

Durch ihre persönliche Energiesparkampagne haben Maria und Martin einiges an Geld gespart. Irgendwann nach vierzehn Monaten bekommen sie eine fette Rückzahlung von ihrem Stromanbieter – 150 Euro fürs vergangene Abrechnungsjahr. Und ihr Stromanbieter berechnet ihnen nun schon von vornherein zehn Euro weniger als bisher im Monat. Das lässt sich sehen. Martin hat sich vorgenommen, beim nächsten Bierabend mit den Freunden mal wieder eine Runde auszugeben. Und Maria bringt beim »Boston Legal«-Abend mit ihren Freundinnen eine Kiste Bionade mit. Das Baby ist ja jetzt da. Während Martins Freunde die großzügige Geste einfach so hinnehmen, fragen Marias Freundinnen nach: Wie die beiden das gemacht haben mit dem Strom. Und irgendwann kommt die Rede auch auf Ökostrom, Solarenergie, Windkraft und so. »Ja, was ist eigentlich mit Ökostrom?«, fragt sich Maria. Sehr zu Recht. Doch das ist schon wieder Stoff für ein neues Kapitel: das Kapitel über den hausgemachten Atomausstieg (siehe Kapitel 10).

## Kapitel 3
## Weniger Fleisch essen

Wohl kaum eine Frage hat so viele Menschen jahrelang in verschiedene Lager getrieben wie diese: »to eat or not to eat« – Fleisch oder nicht Fleisch.

Der Streit zwischen Vegetariern, Veganern, Rohkostfans und Fleischessern hat in den vergangenen Jahren viel von seiner ideologischen Schärfe verloren. Wer Fleisch isst, muss sich nicht mehr von militanten Vegetariern Vorhaltungen machen lassen, wer kein Fleisch ist, gilt nicht gleich als spaßfreier Geselle.

Trotzdem ist »Fleisch oder nicht Fleisch« für viele eine Glaubensfrage geblieben: »Zwei Lilien und zwei Dahlien, die pflanzt' ich auf mein Grab, da kam ein Vegetarier und fraß sie ab«, singen Nicht-Vegetarier, lesen Bücher wie »Fleisch ist mein Gemüse« oder gründen auf Internetplattformen Gruppen wie »Tiere sind köstlich – die Anti-Vegetarier« oder »Vegetarier essen meinem Essen das Essen weg«.

Vegetarier stehen dem in nichts nach: »Meat sucks«, proklamieren sie oder: »Vegetarier? Aus Vernunft!«, oder sie zitieren stolz Studien, nach denen Vegetarier klüger sind als Nicht-Vegetarier.

Und auch die beiden Autoren von ›Welt retten für Einsteiger‹ sind in dieser Frage gespalten: Der eine hat seit 20 Jahren bewusst seinen Fleischkonsum gesenkt, isst am liebsten vegetarisch und denkt sich oft, ob die Menschen weiterhin so viel Fleisch essen würden, wenn sie wüssten, wie die Tiere leben, wie sie geschlachtet und verarbeitet werden. Der andere isst zwar seit 15 Jahren kein Rindfleisch, pilgerte aber während seines Studiums in New York regelmäßig in ein Spezialitätenrestaurant, um dort »die zarteste Schweinshaxe der Welt«, wie er findet, zu essen; Lamm und Wild – wie könnte man darauf verzichten?

Über Geschmack lässt sich nun mal nicht streiten, aber es gibt durchaus ein paar rationale Argumente zu »Fleisch oder nicht Fleisch«: Zum einen geht es um den Tierschutz, wohl einer der allerersten Gründe dafür, Vegetarier zu werden. Zum anderen geht es um die eigene Gesundheit. Zum Dritten geht es um die Umwelt.

Kurz gesagt: Wer anfangen will, die Welt zu retten, sollte weniger Fleisch essen.

Warum?

Viehzucht ist ein viel größeres ökologisches Problem, als die meisten Menschen annehmen. Darauf hat die Welternährungsorganisation der UN, die FAO, in einem 2006 erschienenen großen Bericht verwiesen. Denn Tiere zu halten, braucht unglaublich viel Platz: Ein Viertel der eisfreien Landmenge auf der Erde wird dafür genutzt. Zusätzlich geht ein Drittel der landwirtschaftlichen Nutzfläche für den Anbau von Futter drauf. Je mehr Vieh geweidet wird, desto mehr Wald wird abgeholzt. Vor allem in Lateinamerika ist das ein Problem.

Die Tiere, die auf diesen riesigen Flächen weiden, sind ein ebenso riesiges Klimaproblem. Die Viehwirtschaft ist nämlich für neun Prozent des durch unsere Zivilisation verursachten $CO_2$-Ausstoßes verantwortlich (der größte Teil hiervon sind die Folgen der Abholzung von Wäldern). Berücksichtigt man allerdings das Treibhaus*potenzial* der durch Viehwirtschaft verursachten Treibhausgase, so macht dieses sogar 18 Prozent des »anthropogenen« Treibhauseffekts aus. Dieses Treibhauspotenzial ist größer als das des gesamten Transportsektors – also Autos, Eisenbahnen, Schiffe und Flugzeuge zusammen. Kaum vorstellbar – aber wahr.

Wie das kommt? Nicht lachen: zum Teil durch die Rülpser und Pupser der Kühe. Jedes Rind stößt pro Tag etwa 300 Liter Methan aus. Methan ist ein Gas, das seltener, aber deutlich schädlicher ist als $CO_2$ – sein Treibhauspotenzial ist mehr als 20-mal größer als das von $CO_2$. Das heißt: Jedes Rind drückt täglich 300 Liter Methan in die Luft. Das entspricht 300 mal 20 Litern $CO_2$, also

6000 Litern. Das ist dieselbe Menge Treibhausgas, wie sie entsteht, wenn man mit einem sparsamen Kleinwagen 100 Kilometer weit fährt und dabei Treibhausgase von etwa fünf Litern verbranntem Benzin emittiert. Jeden Tag. Jede Kuh. Insgesamt schätzen Wissenschaftler, dass alleine die Rinderzucht zu 4 Prozent am Klimawandel schuld ist.

Zuallererst klingt das komisch oder zumindest nach einer »urban legend« – Kühe rülpsen und erwärmen damit die Erde. Doch wer sich weiter einliest, findet noch ein paar Zahlen, die das Ganze nicht mehr so komisch klingen lassen: 37 Prozent des anthropogenen Methans kommen aus der Viehzucht. Wenn man noch ein wenig breiter recherchiert, findet man weitere Daten, die die Frage »Fleisch oder nicht Fleisch« besser illustrieren: Guckt man sich nur die Landwirtschaft an, ist die Viehzucht für vier Fünftel aller Treibhausgasemissionen verantwortlich – darunter fällt dann nicht nur das Methan, das die Kühe aussondern, sondern zum Beispiel auch das $CO_2$, das entsteht, wenn neue Weideflächen gerodet werden. Die Viehwirtschaft trägt auch zu anderen Umweltbelastungen bei, in den USA beispielsweise zur Hälfte der Bodenerosion, außerdem geht die Hälfte des Antibiotika- und ein Drittel des Pestizid-Einsatzes auf ihr Konto.

Wer weniger Fleisch isst, kann also einen sehr guten Beitrag dazu leisten, das Klimaproblem dieser Erde zu lösen. So gesehen sind die diversen Tierkrankheiten und -skandale ein guter Anstoß zur Bekämpfung des Klimaproblems – denn vielen Verbrauchern vergeht der Appetit angesichts von BSE, Maul- und Klauenseuche, Vogelgrippe, Schweinepest und Gammelfleisch.

Viele dieser Krankheiten hängen damit zusammen, dass Tiere unter schlimmen Bedingungen gehalten werden und dass unsere Welt so vernetzt ist: Oft werden Tiere mit Antibiotika vollgepumpt, auf engstem Raum gezüchtet, auf unwürdige Weise über Autobahnen durch halb Europa gekarrt und dann geschlachtet.

Klimaerwärmung ist aber nicht das einzige Umweltproblem, das durch Fleischkonsum verschärft wird. Tierhaltung braucht auch sehr viel Wasser. Pro erzeugter Kilokalorie benötigt Fleisch etwa zehn mal mehr Wasser als pflanzliche Nahrung. Zudem werden Kühe mit Sojabohnen gefüttert, die gerade auch auf dem Gebiet des abgeholzten Regenwaldes in Südamerika angebaut werden. Das dort produzierte Soja wird so günstig angeboten, dass die Bauern in Europa es kaufen. Dadurch tragen wir direkt zur Vernichtung des Regenwaldes bei!

Aber das ist längst nicht alles: Es gibt noch eine Reihe anderer Gründe, seinen Fleischkonsum zu reduzieren und mehr Gemüse zu essen: Tierische Fette in der Nahrung sind eine wichtige Ursache für Wohlstandserkrankungen – Herz-Kreislauf-Schwäche oder Schlaganfall. Außerdem wird man durch zu viel Fleisch leicht dick: Vergleicht man einen Burger mit 100 Gramm Rindfleisch mit einem Burger, auf dem eine Soja-Bulette liegt, hat die Soja-Bulette nur zwei Drittel der Kalorien und ein Drittel des Fettes. Kalifornische Wissenschaftler haben sogar schon eine »Diät gegen globale Erwärmung« vorgestellt, die zugleich überflüssigen Pfunden und unnötigen Treibhausgasemissionen zu Leibe rücken soll. Zudem belegt eine Studie eine Korrelation zwischen sogenanntem rotem Fleisch – darunter fallen Rind, Schwein und Lamm – und Darmkrebs. Wer täglich rotes Fleisch isst, dessen Darmkrebsrisiko steigt um die Hälfte.

Was kann man also tun? Wer anfangen will, die Welt zu retten, kann damit anfangen, weniger Fleisch zu essen. Oder damit anfangen, Fleisch bewusster zu essen. Also: Mittags vielleicht nicht die Currywurst oder die Bulette essen, die einem ohnehin so schwer im Magen liegt, dass man danach zwei Stunden arbeitsunfähig ist. Sondern mal zu einem Salat greifen. In der Kantine oder Mensa vielleicht mal den Eintopf probieren und nicht das labberige Fleisch, das entweder vor allem aus Panade oder aus Fett mit dem Aussehen von Kunstgelatine besteht. Zu Hause, statt zweimal die Woche ein tiefgekühltes Rumpsteak zu braten, einmal die Woche ein richtig gutes, frisches Stück Fleisch zubereiten. Wild etwa (das ohnehin für die Wildpflege geschossen werden muss) oder Fleisch, bei dem man weiß, wie die Tiere gehalten werden.

**IDEE**
**Weniger und besseres Fleisch essen**

**So geht's**
Fleischmenge reduzieren, auf Herstellung und Label achten

**Das bringt's**
Besseres Klima, bessere Böden, besserer Tierschutz

**Das sind die Nebeneffekte**
Gesünderes Leben, mehr Genuss

**Wie oft muss man es tun?**
Regelmäßig

**Wie aufwendig ist es?**
Mäßig, erfordert aber Umstellung von Gewohnheiten

**Gutes-Gewissen-Faktor (8)**
(Effekt: 3; Häufigkeit: 3; Aufwand: 2)

Übrigens: Rinder werden natürlich nicht nur zur Fleisch-, sondern auch zur Milchproduktion gehalten. Man sollte also nicht umso mehr Käse essen, wenn man sich dafür entscheidet, weniger Fleisch zu essen.

In der EU gibt es Mindeststandards für Biofleisch. »Bio« oder »Öko« darf ein Fleisch nur dann genannt werden, wenn es nach den Bestimmungen der Öko-Verordnung erzeugt und kontrolliert wurde. Die Tiere müssen hinreichend Platz und Auslauf haben, Wachstumsmittel oder Antibiotika sind verboten. Solch eine Tierhaltung ist artgerecht und schont die Umwelt. Im Zweifelsfall kann man nach der Öko-Kontrollstellennummer auf der Verpackung schauen oder in der Metzgerei fragen – fehlt die, hat man offenbar kein nach EG-Bioverordnung kontrolliertes Biofleisch vor sich.

Und noch etwas: Jede Kuh wird in der Europäischen Union

täglich mit etwa zwei Euro subventioniert. Das ist mehr, als die Hälfte der Menschen weltweit jeden Tag zum Leben hat.

»Fleisch oder nicht Fleisch« ist somit nicht nur eine Geschmacksfrage. Es ist auch keine ideologische Entscheidung. Sondern eine, die sich mit rationalen Argumenten bestreiten lässt.

Sind Vegetarier nun also klüger als Nicht-Vegetarier, wie manche Vegetarier behaupten? Nein. Es gibt zwar in der Tat eine Korrelation zwischen Vegetarier sein und Bildungsgrad. Aber eine Korrelation, das lernt man im Statistikkurs im ersten Semester an der Uni, ist eben noch kein Kausalzusammenhang. Andersrum wird ein Schuh draus: Gebildete Menschen machen sich mehr Gedanken über ihre Ernährung als ungebildete. Kluge Menschen essen weniger Fleisch als unkluge. Aber der Fleischkonsum macht Menschen nicht dümmer.

## Kapitel 4
## Geld sparen, fit werden, Umwelt schützen

Dieses Kapitel handelt mit 99-prozentiger Sicherheit von Ihnen. Oder zumindest von Ihrem Nachbarn. Bislang konnten Sie sich noch elegant aus der Affäre ziehen. Sie konnten sagen: »Ich rase doch nie auf der Autobahn!« Oder Sie konnten den Kopf schütteln und sagen, dass Sie alle Stromfresser in Ihrem Haushalt ohnehin schon beseitigt haben, vielleicht nicht unbedingt wegen der Umwelt, sehr sicher aber wegen Ihrer letzten exorbitanten Nebenkostenabrechnung. Sie brauchen jetzt nur dann nicht weiterzulesen, wenn Sie einen Dreitagebart haben, mit der Kaffeeschachtel klappern und dabei sagen: »Isch abe gar kein Auto!«

Denn wenn Sie ein Auto haben, sind Sie sicher schon mal für ein paar Brötchen zum Bäcker gefahren, obwohl Sie nicht auf einem Landsitz in der Pampa leben oder auf einem Aussiedlerhof, sechs Kilometer vom nächsten Flecken Zivilisation entfernt. Oder Sie haben mal Ihren Sohn, Ihre Tochter mit dem Auto vom Bus abgeholt, obwohl die Haltestelle um die Ecke liegt (okay, um die dritte Ecke). Oder Sie haben sich schon wieder mal, fünf Minuten, bevor Ihnen die ersten Neujahrsböller und Silvesterraketen um die Ohren flogen, vorgenommen, im nächsten Jahr etwas mehr Sport zu machen. Um die Idee um zehn nach zwölf wieder für ein Jahr auf Eis zu legen.

Was Autofahren und Fitwerden miteinander zu tun haben? Sehr viel!

Denn einerseits sind Herz-Kreislauf-Erkrankungen eine der häufigsten Todesursachen, und Bewegungsmangel führt zu Herz-Kreislauf-Erkrankungen. Anders gesagt: Wer sich zu wenig bewegt, stirbt wahrscheinlich früher. Das ist eigentlich eine Binsenweisheit. Doch weil sie eine solche Binse ist, beherzigen (ja: beherzigen!) sie so wenige.

Andererseits könnten Sie viel fitter werden, ohne großartig was dafür tun zu müssen. Laufen Sie einfach mehr, fahren Sie weniger mit dem Auto. Etwa die Hälfte aller Autofahrten sind kürzer als 5 Kilometer, in vielen Städten (etwa in Leipzig) sind sogar knapp 30 Prozent aller Fahrten kürzer als 3 Kilometer. Wenn Sie mal ein persönliches Fahrtenbuch führen, dann wissen Sie, wie viele Fahrten nur Mini-Distanzen umfassen.

Also: Versuchen Sie, Wege unter fünf Kilometern möglichst oft zu Fuß oder mit dem Fahrrad zurückzulegen. Wenn Sie anderthalb Kilometer zum Bäcker laufen, sind Sie eine Viertelstunde unterwegs (außer Sie schlendern und grüßen an jeder Ecke einen Nachbarn, was auch okay ist und wofür Sie gern länger brauchen können). Wenn Sie einen Freund oder eine Freundin besuchen, die fünf Kilometer entfernt wohnt, brauchen Sie mit dem Rad etwa eine Viertelstunde. Das ist verdammt schnell. Wenn Sie rechnen, dass es vielleicht zwei Minuten dauert, um aus Ihrer Wohnung zum Auto zu laufen und auszuparken, wenn Sie für die fünf Kilometer bei Tempo 50 und zwei roten Ampeln acht Minuten brauchen und dann noch vier Minuten einen Parkplatz suchen und eine Minute vom Auto zu Ihrer Freundin oder Ihrem Freund laufen – dann sind Sie bei einer Viertelstunde. Wenn Sie Ihr Fahrrad nicht gerade im hintersten Keller vergraben haben, brauchen Sie eine Minute, um das Fahrrad hervorzuholen, eine Viertelstunde strampeln Sie, und dann schließen Sie das Fahrrad direkt vorm Haus an einen Laternenpfahl, was auch noch mal eine Minute dauert. Haben Sie mitgerechnet? 15 Minuten brauchen Sie mit dem Auto, 17 mit dem Fahrrad. Nicht schlecht für folgende Bilanz: Sie werden fitter, reduzieren das Risiko, an Herz-Kreislauf-Schwäche zu sterben. Sie verbrennen Kalorien; wenn Sie nicht auf dem Weg noch beim »Schöner durch Döner« Station machen, nehmen Sie womöglich ein bisschen ab.

Sie tun dabei zudem etwas Gutes für die Umwelt: Denn bei kurzen Fahrten stößt jedes Auto besonders viele Schadstoffe aus. Auf dem ersten Kilometer benötigt ein kalter Motor eines

**IDEE**
**Kurze Autofahrten reduzieren**

**So geht's**
Fahrrad nehmen oder zu Fuß gehen – oder Wege zusammenlegen

**Das bringt's**
Weniger Spritverbrauch, weniger Emissionen

**Das sind die Nebeneffekte**
Zeitersparnis, mehr Bewegung (= gut für die Gesundheit), längere Haltbarkeit des Autos

**Wie oft muss man es tun?**
Regelmäßig

**Wie aufwendig ist es?**
Mäßig, kostet am Anfang etwas Überwindung – macht dann sogar oft mehr Spaß

**Gutes-Gewissen-Faktor (7)**
♣♣♣♣♣♣♣ (Effekt: 2; Häufigkeit: 3; Aufwand: 2)

Mittelklassewagens hochgerechnet etwa 20 oder noch mehr Liter pro 100 Kilometer. Auf dem zweiten Kilometer sind es dann zwar schon weniger, aber immer noch reichlich. Und: Ein kalter Katalysator funktioniert noch gar nicht richtig – die entsprechende Betriebstemperatur erreicht er erst nach einigen Kilometern Fahrt. Deshalb gehen am Anfang die meisten Schadstoffe ungehindert in die Umwelt (es ist *keine* Lösung, deshalb den Wagen im Stand »warmlaufen« zu lassen; das dauert deutlich länger und verschmutzt die Luft völlig nutzlos). Das heißt: Relativ gesehen bläst Ihr Auto viel mehr Schadstoffe in die Luft, wenn Sie ein paar Minuten zum Bäcker fahren, als zu dem Zeitpunkt, an dem Sie schon anderthalb Stunden auf der Autobahn unterwegs sind. Auf Kurzstrecken verbraucht man mehr Treibstoff, das setzt mehr Treibhausgase frei, und zusätzlich entsteht auch viel mehr Smog; wenn Sie häufiger in Innenstädten unterwegs sind, kennen Sie das Problem. Und wenn Sie schon mal in Städte-Molochen wie London, Hongkong oder Delhi waren, dann haben Sie sich sicher schon richtig über das Problem geärgert (wenngleich es in London durch die neue Innenstadtmaut besser geworden sein soll).

Übrigens hat man durchaus Einfluss darauf, wie lang der Motor (und damit auch der Kat) braucht, um sich aufzuwärmen: Im Winter dauert es (zumindest wenn es kalt ist, was ja in den vergangenen Wintern nicht immer der Fall war) natürlich besonders lang. Wer nun die Heizung noch voll aufdreht, verlängert diese Phase – Fachleute sagen dazu, dass »dem Motor Prozesswärme entzogen« wird. Natürlich sollen Sie im Auto nicht so sehr frieren, dass Sie die Bremse nicht mehr treten können, weil Ihre Oberschenkel schlottern. Aber vielleicht reicht es ja, die Heizung beim nächsten Mal etwas weniger aufzudrehen.

Wer auf Kurzstrecken verzichtet, schont seinen Geldbeutel – und das Auto. Sie haben sicher schon oft gesehen, dass bei vielen Autos aus dem Auspuff ganz langsam einzelne dicke Tropfen ploppen. Das ist Kondensationsfeuchtigkeit. Wenn Sie gerade erst losgefahren sind, ist der Auspuff noch nicht so heiß wie nach einer Stunde bei 120 auf der Autobahn, wo das Wasser schnell verdampft. Nach dem Losfahren verdampft das Kondenswasser erst mal nicht, sondern bleibt im Auspuffrohr. Rost hat es an diesen Stellen besonders leicht – denn es ist dort warm und feucht. Und Sie wissen ja: Die Preise von Autowerkstätten sind oft noch gesalzener als die Preise an der Zapfsäule.

Jetzt werden Sie vielleicht sagen: »Na toll, der Supermarkt ist zwei Kilometer entfernt, soll ich etwa auch dahin laufen und dann vier schwere Einkaufstüten schleppen?« Sollen Sie natürlich nicht. Das wäre eher der Ratschlag, den Sie von fundamentalistischen Autogegnern bekämen. Aber wenn Sie wissen, wie schädlich ein Kaltstart für den Motor ist, wie viel Energie kurze Strecken brauchen, dann kaufen Sie beim nächsten Mal einfach ein, wenn Sie auf dem Nachhauseweg von Ihrer Arbeitsstelle sind. Sie verbinden Dinge, die Sie ohnehin erledigen müssen, und vermeiden, mit dem Wagen leer durch die Gegend zu fahren. Sie kennen sicher jemanden, der schon mal mit kaltem Motor zum Tanken gefahren ist, in der Hoffnung, dadurch ein Schnäppchen zu machen, weil der Sprit an dem Tag zwei Cent günstiger war pro Liter. So etwas dürfte sich in den seltensten Fällen auszahlen. Stattdessen legen Sie lieber einen Zwischenstopp ein, wenn Sie ohnehin unterwegs sind, und fahren dann mit schon warmem Motor weiter. Denn der Motor bleibt nach einer Fahrt noch ein, zwei Stunden warm. Das schont die Umwelt und Ihren Geldbeutel und spart oft auch noch Zeit.

Aber vielleicht sagen Sie jetzt ganz charmant: »Isch abe gar kein Auto.«

## Kapitel 5
## Überlegter fliegen

Für Peter Richter, 39, gab es beim Fliegen eigentlich nur zwei Extreme: Er war entweder Erster oder Letzter. Er war immer der Letzte, der eincheckte. Der Letzte, der durch die Gangway ins Flugzeug stürmte. Der Letzte, der sein Handgepäck verstaute und sich hinsetzte. Und der Letzte, der seinen Blackberry abschaltete, kurz nachdem ihn eine Stewardess zum dritten Mal ermahnt hatte. Und dann war er wiederum der Erste: der Erste, der nach dem Start den Laptop auspackte. Der Erste, der sich abschnallte und aufstand. Und der Erste, der dann aus dem Flugzeug stürmte.

Peter Richter ist Unternehmer und nennt sich selbst Entrepreneur, und er ist einer der Leute, die drei Senator-Vielflieger-Rabattkarten im Portemonnaie haben. Die so selbstverständlich durch die Sicherheitskontrollen am Flughafen gehen, wie andere Leute eine Fahrkarte im Bus kaufen. Die mit verschlossenen Augen am Stoff der Sitze in der Business Class fühlen können, mit welcher Airline sie fliegen.

Richter saß in vielen Wochen bis zu dreimal im Flieger, dreimal hin und zurück. Ein Meeting in München – Peter Richter war da. Die Konferenz in London – Peter Richter flog hin. Der Wochenendausflug mit der Freundin – mal Paris, mal Nizza, mal Stockholm. Alles ging so gut und einfach, und je niedriger die Flugpreise waren, desto mehr flog er auch.

Doch einmal verpasste er die letzte Maschine in München. Er wollte nach Hamburg, und irgendwie hatte die S-Bahn auf dem langen Weg zum Franz-Josef-Strauß-Flughafen zu lang an einer Milchkanne gehalten. Was er machte? Fuhr zurück in die Stadt, bekam noch ein Ticket für den Schlafwagen im Nachtzug, setzte sich ins Bistro und trank ein Bier. Und dann kam er mit einem

Mann ins Gespräch, der auch Entrepreneur war, sich selbst aber als Unternehmer bezeichnete. Einem, der seit zwanzig Jahren mit der Bahn fährt. Und einem, der nur einmal pro Woche unterwegs ist.

Dieses Gespräch änderte Richters Leben. Warum?

Dass Fliegen umweltschädlich ist, hatte Richter schon immer gewusst. *Wie* schädlich, allerdings nicht. 680 Kilogramm $CO_2$ werden pro Passagier ausgestoßen, wenn man einmal von Berlin nach Rom und zurück fliegt. Mit dieser Menge $CO_2$ kann man sieben Kühlschränke ein Jahr lang betreiben (wofür auch immer man so viele gebrauchen kann). Fluglinien werben zwar neuerdings mit geringem Kerosinverbrauch: zum Teil nur 3 Liter pro 100 Personenkilometer. Das ist sicher nicht schlecht. Aber was man dabei leicht vergisst: Die Rechnung ist schief, denn niemand würde mal eben für ein Wochenende die 1500 Kilometer von Berlin nach Rom mit dem Auto zurücklegen.

Fliegen ist einer der ganz wichtigen Beschleuniger für den Treibhauseffekt, für die Erderwärmung, für den Klimawandel: Zwar beträgt der Anteil des Flugverkehrs an den Treibhausgasemissionen »nur« etwa drei Prozent, jedoch sind diese drei Prozent ganz besonders schädlich, weil sie hoch oben in der Atmosphäre ausgestoßen werden. Deshalb sprechen manche davon, dass der Anteil des Flugverkehrs an der *Wirkung* der Emissionen heute bei vier bis neun Prozent liegen dürfte.

Eine ganz entscheidende Sache kennt jeder, der mal am Himmel nach Flugzeugen Ausschau gehalten hat: Zirruswolken, das sind die, die von unten immer so aussehen wie festgefrorene Auspuffabgase. Die können auch aus Kondensstreifen von Flugzeugen entstehen. Wie stark diese Wolken an der Erderwärmung mitwirken, darüber streiten sich Forscher noch. Sicher ist nur: Der Anteil ist groß, möglicherweise – und darum geht der Streit – sogar noch größer als bislang gedacht.

Darüber hinaus werden beim Fliegen auch Stickoxide ausgestoßen, die in der oberen Atmosphäre (der sogenannten Stratosphäre) dazu führen, dass die dortige Ozonschicht abgebaut wird, die uns vor zu viel UV-Strahlung und damit unter anderem vor Hautkrebs schützt.

All das wusste Richter, ahnte es zumindest, und ein bisschen hatte ihn das schon gestört. Viel mehr hatte ihn aber der ganze Druck genervt, der mit dem Fliegen verbunden ist. Früh aufstehen, selbst in der Business Class gab's schlechten Kaffee und schlecht gelaunte Stewardessen – und dass er neuerdings seine Zahnpasta nur noch in kleinen Tuben mitnehmen konnte und zudem noch in einem dieser durchsichtigen Beutel verstauen musste, nervte ihn besonders.

Also tut Richter Folgendes: Wenn es möglich ist, fliegt er nicht mehr zu den Meetings, sondern veranstaltet Videokonferenzen; nur wenn es wirklich wichtig ist, setzt er sich in den Flieger. Innerhalb Deutschlands fährt er jetzt häufiger mit dem Nachtzug. Abends nach einem Termin trifft er noch einen Freund, trinkt ein Bier, setzt sich dann in den Zug und schläft; dass er dann früh in einer Stadt ankommt, ist ein irres Gefühl.

Aber natürlich hat Richter das Fliegen nicht aufgegeben. Ein Vorstellungsgespräch per Videokonferenz? Das geht nicht! Eine Vertragsunterzeichnung per elektronischer Signatur? Nee. Und einen langen Spaziergang in Barcelona? Den kann man sich auch nicht irgendwie herbeiimaginieren.

Richter fand trotzdem einen Weg: Für jeden Flug investiert er nun in ein Projekt, das die verbrauchte Menge $CO_2$ an anderer Stelle wieder einspart. Einmal nach New York und zurück – Richter zahlt 80 Euro, von denen Solarzellen in Indien gekauft oder Energiesparprojekte an deutschen Schulen unterstützt werden. 90 Millionen Euro sind 2006 schon in solche »Kompensationsprojekte«, wie sie der ›Spiegel‹ einmal nannte, geflossen. Es gibt Agenturen, die so etwas anbieten, Atmosfair heißt zum Beispiel eine. Auf deren Website kann man seinen Ausstoß berechnen lassen und kann dann entscheiden, in welches Projekt investiert wird. Wichtig ist allerdings, dass die Mittelverwendung den strengen Kriterien genügt, wie sie beim Kyoto-Protokoll vereinbart wurden, und dass dies auch externe Gremien prüfen. Im

**IDEE**
**Überlegter fliegen**

**So geht's**
Weniger fliegen – und notfalls die eigenen Flüge durch Klimaschutzprojekte kompensieren

**Das bringt's**
Weniger Klimagase, weniger Energieverbrauch, Anreiz für innovative Technologien

**Das sind die Nebeneffekte**
Weniger Flugstress, mehr Zeit

**Wie oft muss man es tun?**
Je nach Verhalten

**Wie aufwendig ist es?**
Mittel

**Gutes-Gewissen-Faktor (7)**
(Effekt: 3; Häufigkeit: 2; Aufwand: 2)

Prinzip funktioniert das so: In einem Entwicklungsland, das in Sachen Klimaschutz noch Nachholbedarf hat, wird etwa die Energieversorgung eines Dorfes auf Solarzellen umgestellt – und dadurch jede Menge $CO_2$ eingespart. Dafür erhält der Investor einen Teil der $CO_2$-Verschmutzungsrechte dieses Dorfes, die er dann verkaufen könnte – zum Beispiel an einen Energieversorger, der damit eigene hohe Schadstoffemissionen ausgleichen könnte. Jedoch werden diese Verschmutzungsrechte nicht verkauft, sondern stillgelegt und damit quasi vernichtet. Mit dem Pflanzen von ein paar Bäumen ist es also nicht getan (zumal manche Experten sagen, dass Bäume besonders in jungen Jahren Klimagase aus dem Boden freisetzen, sie also erst nach einigen Jahrzehnten mehr $CO_2$ aufnehmen als freisetzen).

Ein alter Ökofundamentalist würde jetzt sagen: Das ist moderner Ablasshandel.

Der Fundi hat Recht, findet Richter. Genau das ist es. Doch für Richter ist es vor allem ein Weg, sein Leben zu leben. Er hat mehr Zeit, weil er überlegter fliegt. Und er hat ein gutes Gewissen, weil er für die Flüge, die er für unvermeidbar hält, woanders was Gutes tut.

## Warum Energiesparen so wichtig ist

Ein gutes Gewissen kann auch Spaß machen. Das ist der Leitsatz dieses Buches. Sie müssen kein ausgemergelter Asket werden, um die Welt zu retten. Sie müssen nicht Müsli essen oder Veganer werden. Sie müssen sich nicht fortlaufend einschränken und fragen: Darf ich das? Sie können bloß ein bisschen verantwortungsvoller mit all dem umgehen. Bitte trinken Sie Wein, aber den richtigen. Bitte essen Sie Fisch, aber den richtigen. Bitte haben Sie Spaß am Fleisch, aber nur an dem, das auch nachhaltig Spaß machen kann. Verantwortungsvoller sein heißt aber auch oft sparen. Das ist was anderes als Askese.

Einige Ideen, von denen in diesem Buch die Rede ist, handeln vom Energiesparen. Warum ist uns das eigentlich so wichtig? Lassen Sie uns mal kurz grundsätzlich werden: Die Erde ist ein weitgehend geschlossenes System. Sie tauscht mit dem Weltraum in erster Linie Energie aus, aber praktisch keine Materie; Physiker würden jetzt sagen, dass ein solches System halb offen ist und nicht geschlossen, aber lassen wir diese Wortklauberei beiseite. Deshalb ist es ja auch so wichtig, dass wir in Kreisläufen denken – wie wir im Kapitel über die Kreislaufwirtschaft (vgl. Seite 88) noch sehen werden.

Vereinfacht gesagt gibt es zwei Gründe, warum es so wichtig ist, dass wir auf lange Sicht mit weniger Energie auskommen, dass wir Energie sparen und sie effizienter nutzen. Zum einen ist Energie unsere kostbarste Ressource – mit Energie können wir fast alles machen. Es ist atemberaubend, was man technisch heute alles erreichen kann. Wir können Menschen zum Mond oder in die Tiefsee schicken, wir können Meerwasser entsalzen und sogar stinkendes Abwasser in sprudelndes Frischwasser verwandeln. Wir können Dünger für die Landwirtschaft herstellen oder aus Abfall neue Rohstoffe gewinnen. Viele Rohstoffprobleme könnten wir in den Griff bekommen, wenn wir Energie im Überfluss hätten.

Aber nicht nur das: Wenn wir genug Energie hätten, könnten wir im Prinzip sogar das $CO_2$ wieder aus der Atmosphäre saugen und damit den Treibhauseffekt zunichte machen. Das bringt uns zum zweiten Grund, warum Energiesparen und effiziente Energienutzung so wichtig sind: Das liegt an dem beim Energieverbrauch erzeugten $CO_2$. Obwohl wir gerade in Deutschland in den letzten Jahren viel unternommen haben, um erneuerbare Energien zu fördern, kommt immer noch der weitaus größte Teil der Energie, die wir in Deutschland (wie auch weltweit) insgesamt verbrauchen, aus fossilen Energieträgern – also aus Erdöl, Erdgas und Kohle (denken Sie bei dem Wort »fossil« an die Fossilien, die Versteinerungen toter Tiere, die seit Jahrmillionen im Erdreich liegen). Vier Fünftel der Energie, die wir in Deutschland verbrauchen, kommen da her. Trotz der immer noch verwendeten Kernenergie und den in jüngster Zeit stark ausgebauten erneuerbaren Energien – trotz Windenergie, Biogas, Holzpellets, Wasserkraft, Sonnenenergie oder Geothermie – entsteht bei etwa 80 Prozent der Energieerzeugung in Deutschland $CO_2$.

Wenn wir mit Energie also verschwenderisch umgehen, frisst das nicht nur unsere Vorkommen an Erdöl, Kohle und Gas schneller auf – für die danach noch kein Ersatz in Sicht ist. Es wird auch entsprechend mehr $CO_2$ in die Luft geblasen, was den Treibhauseffekt steigert (bzw. es entsteht entsprechend viel Atommüll, für den wir ja noch keine langfristige Entsorgungsstrategie haben). Wenn Sie also etwas Sinnvolles für die Umwelt tun wollen, gehen Sie mit Energie sparsam um und setzen Sie effiziente Technologien ein.

Hinzu kommt, dass bestimmte Energieträger, die wir heute in der Regel einfach verheizen, auch noch für vieles andere gut gebraucht werden können. Vor allem betrifft dies das Erdöl, den wohl wichtigsten Rohstoff für die Chemie- und Pharmaindustrie – zum Beispiel als Ausgangsmaterial für die Herstellung von Kunststoffen.

Wenn künftige Generationen einmal auf das »Zeitalter der fossilen Energien« zurückblicken werden und es in den Geschichtsbüchern auf dem langen Zeitstrahl der Menschheitsgeschichte eintragen, werden sie feststellen, dass das Zeitalter fossiler Energieträger in der Menschheitsgeschichte wie ein kurzes Aufflackern eines Streichholzes gewesen ist. Seit der Sesshaftwerdung des Menschen vor etwa zehntausend Jahren haben die Menschen durch Holz, menschliche und tierische Arbeit, später auch durch Wind und Wasser Energie gewonnen – alles erneuerbare Energiequellen. Erst seit der Industrialisierung – also seit etwa 200 Jahren – werden in großem Stil fossile Energieträger, also Kohle, später dann Erdöl und Erdgas, gewonnen und verwendet. Selbst wenn man annimmt, dass Erdöl vielleicht noch fünfzig Jahre, Kohle vielleicht noch ein paar hundert Jahre zur Verfügung steht, ist dieser Zeitraum insgesamt doch sehr kurz im Vergleich zur Menschheitsgeschichte. Und in diesem fossilen Zeitalter leben wir wiederum heute in einem der wenigen Jahrzehnte, in denen Energie billig und in großer Menge verfügbar ist. Dies hat erst seit etwa 1950 gegolten und es wird nach aller Voraussicht nicht mehr lange der Fall sein. Weil es immer mehr Menschen auf der Welt gibt und die immer reicher werden und mehr Autos fahren und Maschinen einsetzen, steigt der Bedarf nach Energie. Millionen Chinesen wollen jetzt nachholen, was ihnen Jahrzehnte verwehrt war. Gleichzeitig gibt es immer weniger verfügbare Energieträger, Kohle, Öl und Gas gehen zur Neige. Die Folge: Die Preise steigen. Im System Erde kann die Zukunft also nicht darin liegen, alles zu verbrauchen, was die Erde hat. Dann ist die Luft voller $CO_2$ und wir sind ohne Energie. Daher ist Energiesparen so bedeutsam.

## Kapitel 6
## Warum es sinnvoll sein kann, manchmal zum Discounter zu gehen

»Nichts ist so erlabend wie ein Elternabend«, sang schon Reinhard Mey, und an genau diese Zeile muss Klaus, 33, nun denken. Er sitzt mit einigen anderen Eltern aus der Kindergartengruppe seiner Tochter Lena nach dem Treffen noch in der Kneipe. Klaus greift zum Bier. Der Elternabend hat ihn, wie immer, fertiggemacht. Barbara, die Elternbeirätin, hatte eine Grundsatzdiskussion nach der anderen angestoßen. »Jenny, es ist Irak-Krieg, und du erlaubst, dass dein Sohn mit einer Wasserpistole spielt?« Oder: »Tom, warum schmierst du deiner Larissa eigentlich immer ein Nutellabrot?« Oder aber: »Ich bin dafür, dass wir nicht mehr beim Discounter kaufen, sondern nur noch im Bioladen!«

Klaus rollt mit den Augen und nimmt einen Schluck von dem Bier. Auf ihn hat keiner gehört an diesem Abend. Dabei kennt er sich mit dem Thema Bio wirklich aus.

»Ich verstehe das nicht«, sagt er zu Tom und Jenny, die neben ihm sitzen, »beim Thema Bio sind alle so furchtbar ideologisch. Warum kann man nicht mal ein bisschen grau sehen statt schwarz und weiß?«

»Wie meinst du das?«, fragt Jenny.

Und Klaus berichtet. Wie er vor einem Jahr seinen Haushalt auf Bio umgestellt hat. Warum er trotzdem öfter beim Discounter kauft und Bio daher auch billig sein kann. Und warum es manchmal besser ist, Fleisch um die halbe Welt transportieren zu lassen, als es vom Bauern von nebenan zu kaufen – jedenfalls dann, wenn es nicht geflogen wird.

Hört sich seltsam an?

Ist es aber nicht.

Es gibt vieles, was für Bioprodukte spricht: Auch wenn die Grenzwerte für Schadstoffe beim herkömmlichen Anbau sehr niedrig sind, verspritzen Biobauern keine Pestizide und giftige Düngemittel auf den Feldern, pumpen keine Antibiotika und Hormone in Tiere – und sicherlich ist das der am häufigsten genannte Grund, warum Biolebensmittel derzeit so boomen, immer mehr Menschen zu Produkten mit dem magischen Prädikat greifen. Zudem ist Bioanbau besser für die Umwelt als konventionelle Landwirtschaft. Das Grundwasser wird weniger verschmutzt, und die Böden werden nachhaltiger genutzt. Ein Beispiel: Biologische Landwirtschaft vermehrt die Humusbildung, und Humus bindet $CO_2$ – und alles, was im Boden gebunden ist, trägt nicht zum Treibhauseffekt bei. Bei konventioneller Bewirtschaftung mit chemisch-synthetischen Düngern wird dagegen die Humusschicht abgebaut. Global gesehen entsteht durch die Landwirtschaft mehr $CO_2$, als absorbiert wird. Nach Berechnungen des »Klimabündnis Österreich« entstehen bei biologischer Landwirtschaft 60 Prozent weniger $CO_2$-Emissionen als bei konventioneller Anbauweise. Der Hauptemittent ist zwar die Viehzucht (siehe Kapitel 3), doch auch beim Ackerbau ist die Bilanz für Biobauern deutlich besser. Dass $CO_2$ das schlimmste Klimagas ist, haben die meisten mittlerweile gehört. Die bessere $CO_2$-Bilanz ist aber nur eines von vielen Argumenten für biologischen Anbau. Ein anderes: Biofleisch bedeutet auch Tierschutz – artgerechte Haltung ist vorgeschrieben, ebenso biologisch angebautes Futter, die Exzesse der Massentierhaltung kommen nicht vor. »Und ganz wichtig: Mir schmeckt Bioessen auch besser«, sagt Klaus, »irgendwie ist es intensiver.« So wie ihm geht es vielen.

Gute Bioprodukte tragen das Biosiegel (das ist das, bei dem in schwarzen Lettern »Bio« draufsteht und bei dem über das i ein grünes Häkchen gelegt ist). Die Produkte sind im Einklang mit der EU-Verordnung erzeugt; das ist eine Art gesetzliche Garantie dafür, dass die Grundsätze biologischer Landwirtschaft eingehalten worden sind. Die Kontrollen sind streng. Zudem gibt es

Anbauverbände – die bekanntesten sind nach einer Umfrage aus dem Juli 2007 Bioland, Naturland und Demeter, die noch strengere Kriterien anlegen als das EG-Biosiegel. Natürlich feien einen die tollsten Siegel nicht vor schwarzen Schafen, die es überall geben kann. Grundsätzlich sind die Siegel aber eine gute Orientierungshilfe.

»Ist ja alles schön und gut«, sagt Tom, »aber Larissa will jeden Morgen ein Brot mit Nutella und Bananenscheiben. Soll ich ihr sagen: ›Hey, bei unserem Biobauern im Knüllwald wachsen keine Bananen, du kriegst jetzt nur noch schrumpelige Äpfel mit?‹«

»Quatsch«, sagt Klaus, »wenn du so reden würdest, hättest du dich bestimmt schon zum Elternbeirat wählen lassen. Genauso wenig, wie Larissa auf das Nutellabrot mit Bananen verzichtet, würde ich mir den frisch gepressten Kiwisaft verkneifen. Ich hab jetzt übrigens eine Presse gekauft.«

Und in der Tat würden nur asketische Öko-Fundamentalisten fordern, auf Südfrüchte zu verzichten. Der Transport um die halbe Welt macht bei Lebensmitteln oft nur einen Bruchteil der gesamten Umweltbelastung aus – sofern diese nicht geflogen werden. Das Argument »regional = ökologisch = besser« greift nur, wenn man auf die Saison achtet. Wer im Frühling Äpfel aus Deutschland kauft oder im Winter Tomaten aus Holland, bekommt Früchte aus Gewächs- und Kühlhäusern, die unglaublich viel Energie verschwenden (siehe auch Kapitel 21).

In einer globalisierten Welt findet Biolandbau nämlich auch international statt. Es gibt also auch Biobananen oder Bioananas – und wer zu denen greift, fährt allemal besser als mit konventionell angebauten Produkten. Gleiches gilt übrigens für Kaffee oder Kakao. Wer will wohl auf die verzichten, nur weil sie um die halbe Welt geschifft werden? Doch auch hier ist Fair Trade besser als herkömmlicher Anbau.

»Aber entschuldige mal«, mischt sich plötzlich Jenny ein, »wenn ich in den Ökoladen bei mir um die Ecke gehe, dann bin ich pleite, wenn ich rauskomme.«

»Man muss nicht immer in den Ökoladen um die Ecke gehen –

ich mach das auch nicht immer. Oft geh ich auch zum Discounter«, entgegnet Klaus.

»Warum das?«

Ja, warum das?

Natürlich sind kleine Ökoläden etwas Tolles. Ökoläden sind ja ein wenig eine Kreuzung aus Eine-Welt-Shop und Tante-Emma-Laden: Die Auslagen sehen toll aus, man kennt rasch die zwei, drei Mitarbeiter, und irgendwie ist es sehr persönlich und nett. Es gibt oft gute Beratung und ein großes Sortiment unterschiedlicher Produkte und Marken. Während die großen Discounter von den 210 zugelassenen Kartoffelsorten nur ein paar wenige im Angebot haben, fördern Ökoläden die kulturelle und kulinarische Vielfalt. Zwar hat jeder einzelne Ökoladen meist nur ein paar Sorten im Angebot, aber in der Summe wird eine große Vielfalt von Sorten erhalten. Schließlich sind Ökoläden auch ein wichtiger Teil unserer Einzelhandelskultur, was gerade in den Innenstädten oft sehr nett fürs Ambiente ist. Und dass man dort immer gleich ein halbes Vermögen lässt, sagen meist nur die Leute, die noch nie einen solchen Laden von innen gesehen haben. Aber wie dem auch sei – selbst ohne Öko- oder Eine-Welt-Laden muss man nicht auf Öko- oder Bioprodukte verzichten. Denn viele Discounter haben inzwischen gut sortierte Biowaren. Und es ist in mancher Hinsicht sogar wichtig, dass Bioprodukte auch bei Discountern gekauft werden. Wieso? Dahinter stecken die Prinzipien der Marktwirtschaft, genauer: der sogenannte Skaleneffekt. Der Skaleneffekt ist der Grundsatz der Massenproduktion. Es ist billiger, hundert Autos an einem Fließband herzustellen, als mit drei Mitarbeitern an einem einzigen Auto in der Werkstatt zu Hause rumzuschrauben. Diesen Effekt gibt es auch in der Logistik: Wenn man eine Tonne Bioblaubeeren in das große Verteilersystem eines Discounters einspeist und von dort in fünfzig Supermärkte fahren lässt, kommt das billiger, als dieselbe Menge in fünfhundert kleine Bioläden zu bringen. Und umweltfreundlicher ist es natürlich gleichfalls. So doof das vielleicht klingt: Ökologie ist auch eine Frage der Effizienz.

Ein anderes Beispiel: Man fährt (mit dem Auto natürlich) die zwei Zentner Äpfel aus dem eigenen Garten zum Entsafter in der übernächsten Stadt – und besteht drauf, wirklich den eigenen Saft zu bekommen. Das ist so ineffizient, dass man die Vorteile durch lokale Produktion völlig zunichte macht.

Doch Jenny ist von Klaus' Rechnung noch nicht ganz überzeugt: »Aber du gibst trotzdem mehr Geld aus. Eine Biobanane kostet selbst beim Discounter mehr als eine normale Banane.«

»Das stimmt«, sagt Klaus. »Aber ich habe es mit ein paar einfachen Tricks geschafft, Geld zu sparen.«

Klaus kauft weniger Fleisch, dafür aber Biofleisch (siehe Kapitel 3). Wenn Klaus Fisch kauft, greift er zu Hering, Makrele und Seelachs (siehe Kapitel 8). Drittens wirft er weniger weg – »wenn eine Biobanane wirklich doppelt so viel gekostet hat wie eine normale, dann genieße ich viel bewusster. Ich esse weniger, aber dafür besser. Und ich überlege mir halt zweimal, ob ich die Banane wegschmeiße, nur weil sie an der einen Seite ein bisschen braun ist.« Und viertens hat er sich ein Kochbuch gekauft: »Es gibt so viele einfache Gerichte – und die sind so viel billiger als die ganzen Fertigsachen, die ich bislang oft gekauft habe.«

Sicher – »Bio« ist zuletzt häufiger in die Kritik geraten. Biolandwirtschaft braucht mehr Platz als konventionelle, für Weiden, großzügigeren Anbau. Wenn alle Bauern der Welt plötzlich Biolandwirte würden, müssten viel mehr Wälder abgeholzt werden, sagen manche Wissenschaftler. Das stimmt, weil die Erträge im Bioanbau in der Regel drei Viertel dessen ausmachen, was konventionell möglich wäre – dafür haben die konventionellen Bauern aber die deutlich schlechtere Ökobilanz. Aber mal ehrlich: Wie wahrscheinlich ist es, dass alle Bauern auf der Welt plötzlich Biobauern werden? Man muss ja nicht gleich das Kind mit dem Bade ausschütten und nur noch auf Öko setzen, aber sicher ist, dass es hier eine starke Ergänzung zur konventionellen Landwirtschaft geben muss. Und solange das so ist, braucht man eine starke Nachfrage, wie sie über die Discounter an die Hersteller weitergegeben wird.

**IDEE**

**Bioprodukte kaufen, gegebenenfalls auch beim Discounter**

**So geht's**

Auf Biolabel achten, bewusster einkaufen und konsumieren

**Das bringt's**

Verbessert die $CO_2$-Bilanz, ist besser für die Böden und für die lokalen Ökosysteme

**Das sind die Nebeneffekte**

Mehr Genuss

**Wie oft muss man es tun?**

So oft, wie man will

**Wie aufwendig ist es?**

Einfach, aber manchmal etwas teurer

**Gutes-Gewissen-Faktor (7)**

(Effekt: 3; Häufigkeit: 2; Aufwand: 2)

Klaus trinkt den letzten Schluck Bier und zahlt dann. Er rollt mit den Augen, als er daran denkt, dass er sich auf dem nächsten Elternabend wohl wieder mit Barbara, der Elternbeirätin, streiten wird. Und ihm fällt dazu eine weitere Zeile aus dem Lied von Reinhard Mey ein: »Die Hoffnung, die mir keiner nimmt: Der nächste Elternabend kommt bestimmt!«

## Kapitel 7
## Altkleider richtig entsorgen

Jedes halbe Jahr hatte Cornelia, 27, aufs Neue ein gutes Gewissen. Dann nämlich, wenn ein weißer oder grauer Sack bei ihr im Briefkasten gelandet war. Darauf: ein hübsches, sozial und halbwegs offiziell aussehendes Logo. Dabei: ein Zettel, auf dem ganz groß was von »Hilfe« stand und etwas kleiner was von »Altkleidersammlung«. Da wusste Cornelia: Es ist Zeit, die Klamotten der vergangenen Saison zu entsorgen.

Sie packte einen halben Sack voll und stellte die Kleider auf die Straße. Irgendwann wurden sie abgeholt, und wenn der Sack weg war, hatte Cornelia regelmäßig ein gutes Gefühl. Sie war erleichtert, die Teile aussortiert zu haben, die sie nicht mehr mochte. Sie war froh, dass sie auch die Tops der Größe 38 losgeworden war, nachdem sie sich erfolgreich auf 36 heruntergehungert hatte. Sie stellte zufrieden fest, dass wieder Platz in ihrem Kleiderschrank war und der nächste Großeinkauf kommen konnte. Und sie hatte das gute Gewissen, mit ihrer milden Gabe armen Menschen geholfen zu haben. Irgendwo in Afrika, so stellte sich Cornelia das vor, würde eine junge Frau nun mit ihren Sachen herumlaufen. Sicher länger als sie, aber sicher mit ebensolchem Stolz wie Sex-Appeal.

Cornelia ist wie viele andere Deutsche auch einer zutiefst sozialromantischen Vorstellung aufgesessen: davon, dass gute Menschen die Kleider einsammeln, gute Menschen sie sortieren und gute Menschen sie dann an ebenso gute Menschen verteilen.

Dabei ist die Altkleidersammlung längst zu einem Geschäft geworden. Wie das funktioniert? Es gibt kommerzielle Kleiderverwerter. Diese zahlen den karitativen Vereinen und Hilfswerken eine pauschale Summe und dürfen dafür den Namen der Organisation auf Säcke und Flugblätter drucken. Die eingesammelten Altkleider gehen bei karitativen Organisationen zum Teil direkt an Bedürftige, zum Teil werden sie aber auch an Kleiderverwerter verkauft; die Erlöse daraus kommen karitativen Zwecken zugute. Die Kleiderverwerter geben die eingesammelten Kleider an Sortierfabriken weiter. Diese verkaufen dann die Kleider an heimische Secondhand-Läden (etwa jedes 30. Kleidungsstück landet da), nach Osteuropa und nach Afrika (je zwei von fünf Kleidungsstücken gehen da hin).

Auch die exportierten Altkleider werden nicht an Bedürftige abgegeben, sondern auf Märkten verkauft. Die Altkleider kosten nicht viel; sie sind billiger als die Hosen, Hemden und Oberteile aus der heimischen Produktion. Oftmals wird deshalb der Altkleiderexport dafür in Haftung genommen, dass die afrikanische Textilindustrie ein absterbender Zweig ist. So waren 1997 in Nigeria 137 000 Arbeiter in der Textilindustrie tätig, im Jahr 2003 waren es noch 57 000.

Andererseits unterbieten derzeit vor allem chinesische Textilimporteure, die in Afrika aktiv sind, die einheimische Industrie; die Chinesen verlangen in Kenia etwa ein Viertel weniger als die ansässigen Unternehmen. Und wiederum andererseits ist rund um den Import von Altkleidern ein riesiger Zweig mit vielen Arbeitsplätzen entstanden; in Kenia arbeiten mehr Menschen mit Altkleidern als mit Neukleidern. Eine verwirrende Gemengelage.

Doch was könnte Cornelia tun?

Sie hat ein paar Möglichkeiten: Zunächst ist es wichtig sich klarzumachen, dass Textilproduktion mit erheblichen Umweltbelastungen verbunden ist. Das beginnt mit der Unmenge an Wasser, die man für die Baumwollproduktion benötigt – für ein Kilogramm Baumwolle sind es mehr als 20 000 Liter Wasser! Baumwolle wächst aber nur in sehr trockenen Gebieten, in denen es besonders wenig Wasser gibt. Die Absenkung des Wasserspiegels des Aral-Sees um 13 Meter ist nur eins von wenigen Beispielen der katastrophalen ökologischen Folgen des Baumwollanbaus. Weiterhin sind durch Pflanzenschutzmittel, Entlaubungsmittel und mit der Färbung von Textilien große Belastungen für Gewässer verbunden. Deshalb sollte man generell vermeiden, ständig neue Klamotten zu kaufen. Statt kurzlebige Billigware zu wählen, sollte man auf Qualität achten und sich lieber für Kleidung entscheiden, die lange hält.

Wenn Cornelia aber trotzdem irgendwann ihren Kleiderschrank leer räumen möchte – was kann sie tun?

Das Beste wäre, dafür zu sorgen, dass andere Leute die Kleidungsstücke noch einmal verwenden können. Kleidung herzustellen ist derart aufwendig, dass sie möglichst lange von möglichst vielen getragen werden sollte – das ist das oberste Gebot. Dafür bieten sich Cornelia mehrere Möglichkeiten: Wenn die Klamotten ihr nur nicht mehr gefallen oder nicht mehr passen, kann sie sie in einen x-beliebigen Secondhand-Shop geben und sogar etwas Geld dafür bekommen. Vielleicht findet sie dort auch etwas, was ihr stattdessen gefällt. Wenn man auf diese Weise sozusagen Klamotten tauscht, ist das für die Umwelt besonders schön. Sie kann sie auch in einen der Secondhand-Läden geben, die die Hilfsorganisation »Oxfam« betreibt – Cornelias Designer-Tops in Größe 38 würden da sicher guten Absatz finden. Die Kleider werden in Deutschland verkauft und der Erlös wird Entwicklungsländern gespendet. Oder sie kann sich an örtliche Kleiderkammern wenden, die von Kirchen und privaten Initiativen vor Ort betrieben werden. Da könnte sie sicherstellen, dass die Kleider Bedürftigen in der Region zugute kommen und nicht verkauft werden. Und schließlich könnte sie auf das Siegel von FairWertung achten. Diesen Dachverband, der umwelt- und sozialverträgliche Konzepte für den Umgang mit Gebrauchtkleidung entwickelt, haben christliche Einrichtungen 1994 gegründet. Das FairWertungs-Konzept sieht vor, entwicklungspolitisch schädliche Exporte zu reduzieren und transparent zu machen, wie die Vermarktung funktioniert. Zurzeit arbeiten bundesweit rund 100 Organisationen in 1150 Orten mit FairWertung zusammen.

**IDEE**
**Nachhaltige Klamottennutzung**

**So geht's**
Kleiderumsatz reduzieren, dafür auf Qualität achten, Wiederverwendung fördern

**Das bringt's**
Entlastung für ökologisch strapazierte Regionen (Wasserverbrauch, Verschmutzung von Gewässern)

**Das sind die Nebeneffekte**
Geld sparen, Gutes tun

**Wie oft muss man es tun?**
Eher selten

**Wie aufwendig ist es?**
Mäßig

**Gutes-Gewissen-Faktor (4)**
♣♣♣♣ (Effekt: 2; Häufigkeit: 1; Aufwand: 1)

Beim nächsten Mal stellt Cornelia also nicht den erstbesten wie auch immer eingefärbten Sack vor die Tür – sondern sucht sich ganz gezielt aus, wem sie die Kleider gibt. Wenn sie Kleider kauft, ist Cornelia wählerisch. Warum sollte sie das nicht auch sein, wenn sie Kleider aussortiert?

## Kapitel 8
## Den richtigen Fisch essen

Britta ist 37 Jahre alt und sie ist eine Frau mit Vergangenheit. Gut, sie hat ihren zweiten Freund gleich geheiratet. Und ja, sie hat einen soliden Job als Sachbearbeiterin bei einem Großkonzern, und das auch schon seit zehn Jahren. Zugegeben, wenn sie etwas getrunken hat, flirtet sie heftig mit fremden Männern, und das Rauchen hat sie nie aufgeben können. Doch sie hat keine Leichen im Keller, keine schwarzen Konten, und ihren Dispo hat sie auch noch nie überzogen. Nur bei einer Sache hat Britta eine Vergangenheit: bei Diäten. Über 25 hat sie schon ausprobiert. Die klassische Brigitte-Diät genauso wie eine brandneue Bananendiät. Sie hat mal keine Kohlenhydrate gegessen, mal ganz viele, und mal hat sie ganz auf Fleisch verzichtet und sich nur von Gemüse ernährt. Mal hat sie nach fernöstlichem Ritus gefastet, »heilgefastet« würde Britta sagen, mal einen Fastenkursus in einem katholischen Bildungshaus belegt. Mal befolgte sie ganz grob »FDH – Friss die Hälfte«, mal zählte sie akkurat Kalorien nach. Ihr Mann schlug ihr sogar mal vor, eine Bierdiät zu machen. Die Idee hat sie aber nie weiterverfolgt. Heute probiert Britta eine ganz andere Diät aus: die Fischdiät. Angeblich waren aufgrund einer fischreichen Ernährung die Neandertaler so gesund. Was muss sie tun? Britta muss viel Fisch essen; sehr viel Fisch.

Doch dann liest Britta irgendwo, dass die Meere fast alle überfischt sind. Dass Fischarten aussterben. Dass es viel mehr Quallen und Algen gibt und aus diesem Grund immer mehr Strände gesperrt werden. Dass sogar die Wasserqualität der Ozeane schlechter wird. Und dass die Ernährung von immer mehr Menschen gefährdet ist, weil es für sie zu wenig Fische gibt.

In der Tat ist es dramatisch, wie leer gefischt die Meere sind. Gerade einmal drei Prozent der Fische leben noch unbehelligt von der Fischerei, die Hälfte des Fischbestandes ist an seiner Belastungsgrenze, 15 Prozent sind schon überfischt – das heißt, dass der Bestand ständig kleiner wird und bald gänzlich dezimiert sein wird. Knapp zehn Prozent der früheren Bestände sind praktisch schon nicht mehr da. Mit anderen Worten: Etwa drei Viertel der Fischbestände werden in nicht zu ferner Zukunft erschöpft sein, wenn sich der gegenwärtige Trend fortsetzt. Und wir sind kräftig dabei: Aßen die Menschen weltweit im Jahr 1998 noch 93,6 Millionen Tonnen Fisch, so waren es vier Jahre später schon 100,7 Millionen Tonnen. Das sind 100 700 000 000 Kilogramm! Experten rechnen damit, dass die Nachfrage nach Fisch bis 2020 jedes Jahr um anderthalb Prozent steigt. Schon heute ist Fisch nicht nur für Britta ein alltägliches Nahrungsmittel: Über zweieinhalb Milliarden Menschen decken ihren Bedarf an tierischem Eiweiß durch Fisch. Was diese Zahlen noch nicht einmal beinhalten, ist die Menge des sogenannten Beifangs: Zusätzlich zu den 100 Millionen Tonnen Fisch, der auf dem Teller landet, werden mehr als 25 Millionen Tonnen Beifang gefischt – das sind quasi Kollateralschäden –, also Fische und Meeresorganismen, die nicht verwertet werden können oder dürfen und wieder ins Meer geworfen werden, oft schon verendet oder kurz davor. Besonders schlimm: Um eine Tonne Seezunge zu fangen, muss man elf Tonnen Beifang in Kauf nehmen, für eine Tonne Shrimps sogar bis zu 15 Tonnen.

Soll man deshalb auf die Fischdiät verzichten oder plötzlich gar keinen Fisch mehr essen? Nicht unbedingt – solange man zwei Dinge beachtet: Zum einen nicht übermäßig viel Fisch essen – ein- bis zweimal pro Woche ist sicher ein gutes Maß, auch ernährungsphysiologisch gesehen. Und außerdem den richtigen Fisch essen. Wie das geht? Seit Jahren arbeiten Staaten und Organisationen daran, der Überfischung Einhalt zu gebieten. Doch bislang hat das kaum Erfolg gebracht. Das Problem dabei – Fische schwimmen im Meer und scheren sich nicht um Grenzen; jeder kann sie grundsätzlich fangen und tut das auch – keine Fangflotte hat ein Interesse daran, weniger Fische zu fangen als der Nachbar. Und daher hat auch niemand Interesse an einem Abkommen oder an dessen Einhaltung. Volkswirte nennen das die Tragik der Allmende – wenn viele etwas gemeinsam tun oder nutzen und man nicht mehr zurechnen kann, wer nun was dazu beigetragen hat, tut der Einzelne auch weniger. Das ist schon das Problem der Gruppenarbeit in der Schule – weil am Ende jeder für das Ergebnis haftbar gemacht wird, legt sich jeder weniger ins Zeug, als wenn er oder sie allein etwas abgeben müsste.

Es wäre schon ein kleines Wunder, wenn die Politik die Fische retten würde. Wer aber kann nun etwas tun? Der Verbraucher. Konsumenten können ihre Macht zeigen, Konsumenten können etwas verändern. Einfach indem sie Fische kaufen, bei denen ein bestimmtes Logo auf der Verpackung prangt: das MSC-Logo, ein weißer Fisch auf mittelblauem Grund, dessen Rücken ein »korrekt«-Häkchen ist (bei frischem Fisch fragen Sie Ihren Fischverkäufer nach dem Logo). MSC steht für Marine Stewardship Council. Das MSC wurde unter anderem vom WWF gegründet und hat in den vergangenen Jahren ein Zertifizierungssystem für Fisch aufgebaut, nicht gewinnorientiert, versteht sich. Das MSC überwacht den Fisch vom Wasser bis zum Teller. Der Fisch darf nur aus Meeren stammen, die nicht überfischt sind. Auch die Zwischenhändler werden kontrolliert, damit keine falschen Fische mit dem Prädikat geadelt werden.

Das Gute an dem MSC-Logo ist, dass es schon ziemlich weit verbreitet ist. Britta könnte problemlos ihre ganze Fischdiät mit MSC-zertifiziertem Fisch bestreiten. Sogar bei Aldi und Lidl gibt es Fisch, der dieses Logo trägt. Weil der frühere Iglo-Eigentümer Unilever den WWF von Anfang an unterstützt hat, bringt Käpt'n Iglo den Fisch für seine Fischstäbchen nur noch aus nichtüberfischten Gewässern. Fischstäbchen sind aus Alaskalachs gemacht – und das ist der Fisch, der derzeit am häufigsten das MSC-Logo trägt.

Man kann noch etwas tun. Man kann darauf achten, welche Arten Fisch man isst. Greenpeace zum Beispiel hält den Verzehr von Karpfen, Hering, Seelachs und Makrele für akzeptabel. Zan-

**IDEE**
**Den richtigen Fisch essen**

**So geht's**
Beim Fischkaufen auf das richtige Logo und die richtigen Arten achten – und insgesamt nicht zu viel Fisch essen

**Das bringt's**
Schonung der Fischbestände, Erhaltung der marinen Lebensräume

**Das sind die Nebeneffekte**
Ausgewogene Ernährung

**Wie oft muss man es tun?**
Gelegentlich

**Wie aufwendig ist es?**
Einfach

**Gutes-Gewissen-Faktor (5)**
♣♣♣♣♣ (Effekt: 2; Häufigkeit: 2; Aufwand: 1)

der, Tintenfisch und Goldbrasse sind kritisch, und Heilbutt, Viktoriabarsch, Rotbarsch und Kabeljau, aber auch die beliebte Scholle sollte man laut Greenpeace auf jeden Fall meiden. Zum Teil, weil deren Bestand so gefährdet ist, zum Teil, weil die Fangmethoden zu viel Schaden anrichten.

Ohne mehr Geld auszugeben, kann man somit durchaus etwas für sein gutes Gewissen tun. Und Britta muss sich um ihre Diät keine Sorgen machen. Fischstäbchen würde sie wegen der ganzen Panade zwar nicht essen, aber es gibt genügend kalorienarme Fischgerichte. Wie lange Britta die Diät durchhält, ist noch unklar. Vielleicht gehört auch die Fischdiät bald in ihre Diätvergangenheit. Nur: Bevor sie die Atkins-Diät macht und ganz viel Fleisch isst, sollte sie vielleicht noch Kapitel 3 lesen.

## Kapitel 9
## Das Haus richtig dämmen

Sind wir nicht alle ein bisschen Schwabe? Ja, sind wir. Denn die Deutschen sind ein Volk der Häuslebauer. Und das auch außerhalb von Schwaben. Fast die Hälfte aller Menschen in Deutschland, genauer: 44 Prozent, lebt im eigenen Haus oder der eigenen Wohnung; nicht ohne Grund sind Bausparverträge eine deutsche Institution, auch wenn in anderen europäischen Ländern die Menschen sogar noch viel mehr bauen als bei uns.

Doch wem eine Wohnung oder ein Haus gehört, der ist bei einer Sache gar nicht schwäbisch: bei der Wärmedämmung. Unzählige Euros werden jedes Jahr verheizt – im wörtlichsten Sinne. Der Wärmeschutz der meisten Gebäude ist nämlich vollkommen unzureichend. Fenster, Wände und Dach lassen viel zu viel Wärme durch. Im Winter bläst viel zu viel Wärme von den Häusern nach außen; im Sommer dringt viel zu viel Wärme von außen in die Häuser ein. Das kostet richtig viel Geld.

Wenn Ihre Altbauwohnung gerade erst supermodern wärmeisoliert worden ist, überspringen Sie dieses Kapitel einfach. Oder wenn Sie in Ihrem neu gebauten Einfamilienhaus eine Extradämmung in die Wände eingezogen und mehrfach verglaste Scheiben in die Fenster eingesetzt haben. Doch wenn Sie zu den vielen Millionen Menschen gehören, auf die das nicht zutrifft, lesen Sie weiter, etwa wenn Sie Eigentümer eines der zwölf Millionen Ein- oder Zweifamilienhäuser sind, die vor 1984 gebaut wurden. Sie können sehr viel Geld sparen. Und Sie können sehr viel Gutes für die Umwelt tun. Konkreter: Sie können Ihre jährliche Heizungsrechnung halbieren. Und Sie können so viel $CO_2$ einsparen, wie ein Mittelklasseauto bei 30 000 Kilometern Fahrt in die Luft bläst.

Seien wir schwäbisch. Reden wir erst übers Geld. Wie viel Sie

**IDEE**
**Die eigenen vier Wände dämmen**

**So geht's**
Gebäude-Energieexperten fragen, Fördermittel beantragen, Altbau sanieren
**Das bringt's**
Jede Menge Energie sparen und $CO_2$-Ausstoß deutlich senken
**Das sind die Nebeneffekte**
Nach Anfangsinvestitionen schon bald Geld sparen, Förderung des lokalen Handwerks
**Wie oft muss man es tun?**
Für mehrere Jahrzehnte nur einmal
**Wie aufwendig ist es?**
Einmalige Investition – während der Bauphase etwas Aufwand
**Gutes-Gewissen-Faktor (6)**
♣♣♣♣♣♣ (Effekt: 3, Häufigkeit: 1; Aufwand: 2)

sparen, das ist nicht ganz einfach zu berechnen. Fachleute sprechen von einem Wärmedurchgangswert. Hört sich grässlich an, dieses Wort, aber es ist ausnahmsweise mal gut, sich ein solches Wortungetüm zu merken. Denn dieser Wert gibt an, wie viel Wärme durch einen Quadratmeter Gebäudehülle von innen nach außen strömt (im Sommer eben von außen nach innen). Die Fachleute beziehen sich dabei auf ein Grad Temperaturunterschied zwischen innen und außen und haben eine komplizierte Rechnung kreiert, an deren Ende die Einheit $W/(m^2K)$ steht, Watt geteilt durch das Produkt aus Quadratmetern Gebäudehülle und der Temperatureinheit Kelvin (vielleicht erinnern Sie sich an den Physikunterricht aus der achten Klasse – das ist die Einheit, deren Schritte so groß sind wie bei Celsius, nur dass ihr Skalennullpunkt bei minus 273,15 Grad Celsius liegt).

Sie müssen nun aber nicht versuchen, ein Thermometer irgendwie in Ihre Backsteinmauer zu rammen, um den Temperaturunterschied zu messen. Architekten wissen gut Bescheid und natürlich Anbieter von Fenstern und Dächern oder auch alle diejenigen, die einen Gebäudeenergiepass ausstellen können.

Nehmen wir an, Sie bauen mehrfach verglaste Fenster ein. Oder Sie staffieren Ihr Dach und Ihre Außenwände mit einer extra Dämmung aus. Dadurch schaffen Sie es, den Wärmedurchgangswert um 1 $W/(m^2K)$ zu senken. Pro Quadratmeter Außenwand und Dach können Sie etwa 80 Kilowattstunden im Jahr an Heizenergie sparen. Wenn Sie 200 Quadratmeter Wand besser dämmen, sparen Sie 800 Euro pro Jahr. Und wenn Sie 15 Quadratmeter Fenster mehrfachverglast aufmotzen, sparen Sie 60 Euro.

Wie schnell sich das bezahlt macht? Schauen Sie einfach auf Ihre letzte Heizrechnung. Ein typisches Mehrfamilienhaus benötigt 1800 Euro im Jahr fürs Heizen. Und diese Kosten können Sie locker halbieren. Ein Umbau macht sich ziemlich schnell bezahlt. Zumal wenn Sie noch staatliche Fördertöpfe anzapfen.

Jetzt aber genug geschwäbelt und vom Geld geredet: Natürlich entlastet ein Umbau nicht nur Ihren Geldbeutel. Sondern auch ganz gehörig die Umwelt. Denn zwei Fünftel der gesamten Energie in Deutschland gehen fürs Heizen von Gebäuden drauf.

Wenn Sie es schaffen, den, sorry, Wärmedurchgangswert um 1 $W/(m^2K)$ zu senken, entlasten Sie die Umwelt um 25 Kilogramm $CO_2$ pro Jahr und Quadratmeter Gebäudehülle. Um bei den Fenstern von eben zu bleiben: Damit sparen Sie so viel $CO_2$, wie Sie umgekehrt verbrauchen würden, wenn Sie von Frankfurt nach London und dann von London nach Köln/Bonn flögen. Und wenn Sie gleich 200 Quadratmeter Wand besser dämmen, entlasten Sie die Umwelt um 5000 Kilo $CO_2$ im Jahr. Das ist, wie gesagt, so viel wie ein Mittelklasseauto auf 30 000 Kilometer produziert.

Es ist also ganz einfach. Eigentlich müssen Sie nur ein einziges Mal investieren in die zusätzliche Dämmung. Und dann sparen Sie. Schonen die Umwelt. Und Sie haben gleich zweifach ein gutes Gewissen.

## Kapitel 10
## Atomausstieg hausgemacht

»Ja, was ist eigentlich mit Ökostrom?«, diese Frage ihrer Freundinnen hallt Maria noch einige Zeit lang im Ohr. Zwar hatten Martin und sie die schlimmsten Stromfresser in ihrem Haushalt eliminiert (siehe Kapitel 2), aber der Gedanke an Ökostrom war den beiden nie gekommen. Warum auch? Denn klar, »Ökostrom ist teuer«, hatte eine Freundin gleich eingeworfen. Außerdem komme am Ende ohnehin derselbe Strom aus der Steckdose, nicht etwa bei Maria und Martin guter Strom und bei den Nachbarn eine Tür weiter plötzlich böser Strom.

Doch der Gedanke an den Strom lässt Maria nicht los. Denn irgendwie hat sie bei Atomstrom ein schlechtes Gefühl. Könnte sich Tschernobyl nicht wiederholen, wenn vielleicht nicht in Deutschland, dann anderswo? Und was ist mit den Atomabfällen, die auf Jahrtausende in irgendwelchen Salzstöcken lagern müssen? Irgendwo hat Maria gelesen, dass es bald ein neues Warnzeichen vor Radioaktivität geben soll – statt des rotorblätterartigen Zeichens, das so aussieht wie das Hinweisschild auf einem Ventilator im Hotel, soll künftig ein Symbol warnen, das die Menschen auch in einigen tausend Jahren noch verstünden: oben der Rotor, und darunter ein Totenkopf und ein wegrennendes Männchen. Das bleibt für die Ewigkeit.

Kohlekraftwerke sind auch so ein Punkt. Auch wenn Martin und sie, denkt sich Maria, vielen größeren $CO_2$-Verursachern in ihrem Haushalt den Garaus gemacht haben, würden die ganzen Bemühungen nicht konterkariert? Mit jedem Cent, den sie an ihren bisherigen Stromanbieter zahlt, bezuschusst sie doch eine Technologie aus Zeiten, in denen »Glück auf, der Steiger kommt« noch zum hitparadentauglichen Liedgut zählte.

Auch bei den ganzen Energielieferungen aus Russland oder

Arabien und beim Gedanken an die Zar-Inkarnation und die Scheichs ist Maria unbehaglich. Hatten die nicht erst kürzlich wieder damit gedroht, anderen Ländern den Energiehahn abzudrehen?

Maria geht es so wie vielen Deutschen: Sie lehnen Atomkraft und die klimaschädliche Kohle ab. Trotzdem kommt der Strom vor allem aus diesen beiden Formen: Etwa ein Viertel des Stroms in Deutschland wird in Atomkraftwerken produziert, hinter drei Fünfteln stecken Kohle und Erdgas, der Rest kommt aus Wasser und Windkraft und anderen erneuerbaren Energien.

Doch zum Glück ist der Strommarkt in Deutschland seit einigen Jahren liberalisiert, so wie das Geschäft mit dem Telefonieren. Genauso wie heute niemand mehr ein beiges Leihtelefon mit Wählscheibe bei sich in die Diele stellen muss (wohl aber darf), braucht niemand mehr den Strom bei seinem regionalen Monopolisten zu kaufen. Maria und Martin haben eine riesige Auswahl an Stromanbietern, die alle miteinander konkurrieren. Bei manchen Anbietern hat der Strom eine Farbe, bei anderen ist er farblos, aber öko. Ökostrom nutzt erneuerbare Energien, Energien, die natürlich und unendlich sind. Der Strom entsteht aus Sonne oder aus Wind, aus Biomasse, Wasser oder Erdwärme – ohne schrecklichen Atommüll, ohne schädliches $CO_2$ und auch ohne schändliche Despoten, die einfach mal die Energiezufuhr abdrehen wollen.

Manche Stromanbieter haben in ihrem Angebot auch Strom aus sogenannten Kraft-Wärme-Koppelungsanlagen. Das sind technisch hochraffinierte Anlagen, die die Wärme nutzen, die bei der Stromproduktion entsteht. Der Wirkungsgrad ist sehr hoch, dreimal so hoch wie beim Atomkraftwerk. Viele der Anlagen werden zwar unöko befeuert, oft mit Erdgas, aber aufgrund des hohen Wirkungsgrads lohnt es sich trotzdem.

Ökostrom ist aber nicht gleich Ökostrom. Man muss genau hinschauen, um wirklich etwas für sein gutes Gewissen zu tun und sich das nicht nur einzureden. Viele Anbieter werben nämlich mit dem Etikett »öko«, obwohl man dabei nur Strom aus ur-

**IDEE**
**Atomausstieg hausgemacht**

**So geht's**
Stromanbieter vergleichen, auf erneuerbare Energien achten und darauf, dass auch zusätzliche Kapazitäten bereitgestellt werden, ummelden
**Das bringt's**
Jede Menge Energie sparen und $CO_2$-Austoß deutlich senken
**Das sind die Nebeneffekte**
Bewussterer Umgang mit Energie
**Wie oft muss man es tun?**
Einmal
**Wie aufwendig ist es?**
Einfach – im Netz stöbern, Testhefte lesen
**Gutes-Gewissen-Faktor (5)**
♣♣♣♣♣ (Effekt: 3; Häufigkeit: 1; Aufwand: 1)

alten Wasserkraftwerken kauft. Diese Kraftwerke gibt es schon so lange, dass der Ökoeffekt nicht sonderlich groß ist. Daher am besten darauf achten, dass der Strom aus neuen Anlagen stammt – und das ist meistens der Fall, wenn die Anbieter mit Wind, Sonne oder Biomasse arbeiten.

»Aber kommt dann am Ende nicht trotzdem derselbe Strom aus der Steckdose?«, fragt sich jetzt auch Martin.

Ja und nein.

Denn mit dem Strom ist es so: Die vorhandene Energiemenge im Netz kann man sich vorstellen wie einen riesigen Energie-See mit unterschiedlichen, teils weit entfernten Zuläufen und Abläufen, also Strom-Bächen, Strom-Flüssen und Strom-Strömen. Die eigene Steckdose ist so ein Ablauf, eine Windenergieanlage in der Norddeutschen Tiefebene ein Zulauf (genauso wie ein Atomkraftwerk oder die Solarzelle auf dem Dach). Der Strom, den man vom Ökostromanbieter erhält, ist auf der einen Seite derselbe Strom wie vorher – der, der über den Ablauf »Steckdose« auch bislang schon hereinkam. Auf der anderen Seite aber ändert sich was am Zulauf: Der Ökostromanbieter garantiert, dass er genau die abgenommene Menge an anderer Stelle durch erneuerbare Energien ins Netz einspeist. In den großen See fließt nun etwas mehr saubere Energie. Also, auch wenn der Strom in der eigenen Steckdose nicht sauberer ist als der vom Nachbarn, im großen Ganzen ändert sich was.

Doch Martin und Maria bleiben skeptisch: »Ist Ökostrom nicht viel zu teuer?«, fragen sie sich. Und in der Tat waren Ökoanbieter in der Vergangenheit eine ganze Ecke teurer als konventionelle Stromverkäufer. Doch das hat sich inzwischen völlig geändert. Manche nachweislich guten Ökostromanbieter wie die Elektrizitätswerke Schönau, die 2007 den Deutschen Gründerpreis gewonnen haben, sind inzwischen sogar billiger als vermeintliche Stromdiscounter. Während viele traditionelle Stromanbieter kräftig die Preise angezogen haben, wird Ökostrom immer günstiger. Es lohnt sich, genauer hinzuschauen und Vergleiche anzustellen. Anbieter von Ökostrom sind inzwischen etwa auch von der Stiftung Warentest getestet worden. Der Wechsel zu einem anderen Anbieter geht ganz einfach, entweder per Formular oder gleich online; um die Abmeldung beim alten Anbieter kümmert sich der neue Ökostromlieferant.

Anderthalb Jahre nach ihrer großen Stromsparoffensive schalten Maria und Martin auf Ökostrom um. Sie haben nicht nur ihre größten Stromfresser eliminiert, sondern auch ihren persönlichen Klimagift-Ausstoß drastisch reduziert. Eine saubere Sache – und ein gutes Gefühl.

## Kapitel 11
## Den besseren Wein trinken

Die drei hatten sich seit Jahren nicht gesehen, vier oder fünf sicher, aber genau wussten sie es nicht. Als sie noch zusammen an die Bonner Uni gegangen waren, war das anders gewesen. Damals sahen sie sich fast jeden Tag, beim »Mensen«, wie sie es nannten, einem jedes Mal überlangen Mittagessen in der Mensa an der Nassestraße. Einmal die Woche trafen sie sich dann reihum zum Weintrinken. Mal bei Thomas in der Studenten-WG, mal bei Dirk in der eigenen Bude, mal bei Jannis im Wohnheimzimmer. In den ersten beiden Semestern war es ihnen vor allem um die Menge gegangen. Drei Mark gaben sie pro Flasche aus, dafür leerten sie aber gleich sechs oder sieben Flaschen. Von Mal zu Mal wurden die Weine dann besser. Irgendwann gaben sie fünf Mark pro Flasche aus, tranken nur noch fünf Flaschen am Abend. Und irgendwann legten sie fünfzehn Mark hin und teilten sich zwei Flaschen. Nach dem Studium hatten sie sich irgendwie aus den Augen verloren. Thomas zog nach Hamburg und fing als Texter bei einer großen Werbeagentur an. Dirk übernahm eine Landarztpraxis. Und Jannis begann, als Lehrer zu arbeiten, er blieb in Bonn. Irgendwann rief er bei den anderen beiden an: Wollt ihr nicht mal vorbeikommen? Und wollen wir nicht mal einen Weinabend machen, so wie früher?

Lange hatten sie nach einem Termin gesucht, aber jetzt haben es Thomas und Dirk nach Bonn geschafft. Sie sitzen bei Jannis auf dem Sofa, vor ihnen stehen zehn Flaschen Wein. Genug für einen Abend. Vielleicht sogar mehr als genug.

Dirk nimmt die erste Flasche in die Hand.

»Ein wunderbarer Moselwein«, sagt er.

»Brauchst du einen Korkenzieher?«, fragt Jannis.

»Nee, geht schon«, entgegnet Dirk und nestelt am Verschluss

rum. Plötzlich dreht er dreimal kräftig, und mit einem leisen Knirschen geht der Verschluss auf. Dirk hält die Kappe in der Hand und gießt den anderen beiden einen Schluck ein.

»Sag mal, zurück ins erste Semester, oder was?«, ruft Thomas und lacht. »Ich dachte, wir wären vom Drehverschluss längst abgekommen!«

»Probier halt mal«, sagt Dirk, »das ist wirklich ein guter Wein. Und ein Drehverschluss steht schon lang nicht mehr für Billigwein. Und außerdem korkt einer von zehn Weinen, habe ich irgendwo gelesen.«

»Stimmt, ich kauf auch keine Korken mehr«, sagt Thomas, »aber deswegen muss man doch nicht gleich auf Fuselverschluss umsteigen. Ich kauf öfter mal Weine mit Glasverschluss. Das hat was Exklusives. Und die schützen den Wein genauso gut vor Sauerstoff und Verdunstung.«

»Ich kaufe nur Kork«, sagt dann Jannis, »auch wenn hin und wieder mal ein Wein korkt. Aber der ›Plopp‹ beim Öffnen, der gehört einfach dazu. Ich will ja auch einen richtigen Kamin haben und schiebe keine DVD mit Kaminfeueroptik in den Fernseher ein.«

Und so geht es sicher noch eine Stunde weiter. Über Kork-, Glas- oder Schraubverschluss lässt sich wirklich streiten, wobei es den meisten Deutschen so geht wie Jannis: Sie wollen auf den Plopp nicht verzichten, das Gehebel mit dem Korkenzieher gehört für sie zum Weintrinken dazu. Dabei sind sich Weinkenner einig, dass Korken eigentlich unnötig sind – sie sind teurer als Drehverschlüsse, dabei können Drehverschlüsse genauso viel leisten. Die Schweizer sind da pragmatischer als die Deutschen, ebenso die Australier – der Anteil an Weinflaschen ohne Korken ist in beiden Ländern deutlich höher als in Deutschland; in Australien hat jeder dritte Wein keinen Korken mehr, und das sind keineswegs alles schlimme Fusel. Zwischen 2000 und 2005 ist die Korkenproduktion weltweit um 18 Prozent gesunken, das sind immerhin drei Milliarden Korken, die *weniger* hergestellt wurden.

Doch es gibt durchaus ökologische Gründe, dem guten alten Korken treu zu bleiben – auch auf die Gefahr hin, dass hin und wieder mal ein Wein bei draufgeht. Denn es geht um mehr als nur um den Korken in der Weinflasche. Es geht vor allem um die Korkwälder. Die sind weltweit insgesamt 2,7 Millionen Hektar groß, das ist etwa so groß wie Mecklenburg-Vorpommern. Mehr als hunderttausend Menschen arbeiten in der Korkindustrie, und die macht immerhin 70 Prozent ihres Umsatzes mit Weinflaschenkorken. Die Korkeichenwälder stehen vor allem in Frankreich, Italien, Spanien, Portugal, Marokko, Algerien und Tunesien. Doch nicht nur die hunderttausend Mitarbeiter sind auf das Geschäft mit dem Wein angewiesen, sondern auch die Tiere. Korkeichenwälder zeichnen sich durch reiche Artenvielfalt aus, es wuseln bis zu 135 Arten auf einem Quadratmeter. Zu den seltenen Arten, die hier Zuflucht finden, gehören der Iberische Luchs, von dem überhaupt nur noch etwa hundert Tiere leben, und der Spanische Kaiseradler, bei dem Naturschützer davon ausgehen, dass es weltweit weniger als 500 Exemplare gibt. Der Schluss liegt also nahe: Kauft keiner mehr Wein mit Korken, braucht man keine Korkeichenwälder mehr – und dann verlieren die Tier- und Pflanzenarten ihre Rückzugsräume.

Dabei kann man bedenkenlos Kork kaufen: Man gewinnt die Korken, indem man die Rinde von den Korkeichen alle neun bis zwölf Jahre schält und danach die Rinde wieder wachsen lässt. Korkeichen können ohnehin viele hundert Jahre alt werden. Die Korkeichenwälder binden noch dazu jede Menge $CO_2$ – mit zwei Dritteln eines Hektars werden schon eine Tonne von dem Klimagift aus dem Verkehr gezogen.

Thomas, Jannis und Dirk könnten noch ewig weiterstreiten. Und so richtig es auch ist, dass nur Weine mit Korken korken können – für die Umwelt wäre es sinnvoller, Weine mit Korken zu kaufen. Die Ökobilanz von Schraubverschlüssen aus Metall fällt gegenüber dem nachwachsenden Naturkork ungünstiger aus. Naturkork ist vollständig biologisch abbaubar und lässt sich gut recyceln. Um Metallverschlüsse herzustellen, werden hingegen eine Menge Rohstoffe und Energie benötigt. Und den Plopp kriegt man außerdem nicht.

Doch Weinkenner wissen, dass der Streit nicht beim Öffnen des Weines aufhört. Sondern dann erst richtig losgeht. Über Geschmack lässt sich ja bekanntlich nicht (was heißt: besonders gut) streiten. So ist es auch bei Thomas, Jannis und Dirk. Beim Moselwein sind sie sich noch einig: Der ist – trotz Drehverschluss – richtig gut, zumindest deutlich besser, als irgendwelche Weinkenner es glauben machen wollen.

Nach dem Moselwein holen die drei einen Grauburgunder raus, an dem sich die Geister scheiden. Und danach einen Cabernet Sauvignon. Dann einen Franken im bauchigen Bocksbeutel. Schließlich einen schweren Port. Die drei halten sich an eine Devise, die Weinkenner seit einigen Jahren hochhalten: ABC – Anything But Chardonnay. Es gibt eine immer größere Fraktion von Vinophilen, die alle Weine trinken außer Chardonnay. Warum das? Weil Chardonnay zum Modewein avanciert ist. Etwa 150 000 Hektar Land sind weltweit mit Chardonnay-Reben bestockt, und mitnichten stehen die meisten Weinstöcke in Frankreich: Sie stehen in Kalifornien. Chardonnay ist in den vergangenen Jahren im Weinbau-Ranking immer weiter nach oben gerückt – derzeit liegt er auf Platz 7 der angebauten Sorten. Weinfreunde sehen ihre ABC-Waffe vornehmlich als Weg, die Popularität der kalifornischen Weine und der Riesenabfüller einzudämmen. Fett, sättigend, immergleich, massentauglich sei der kalifornische Wein, klagen sie. Auch Thomas, Jannis und Dirk liegt das Gemecker über den Wein aus dem amerikanischen Westen nicht fern. »California über alles«, stimmt Jannis ein Lied der Dead Kennedys an, als das Gespräch auf die Weine aus der Neuen Welt kommt.

Doch ABC ist nicht nur eine richtige Devise für diejenigen, die sich gegen die Einöde bei Anbau und Ansehen wenden. Auch aus ökologischer Sicht ist es sinnvoll, nicht die Massenweine zu trinken – das Stichwort dazu fiel vor einigen Minuten schon mal: Biodiversität, vulgo Artenvielfalt. Denn Weine sterben aus, und

**IDEE**
**Den besseren Wein trinken**

**So geht's**
Wein bewusst auswählen, keine Massenweine kaufen, auf Korkverschluss achten

**Das bringt's**
Ein kleiner Schritt zum Erhalt der Artenvielfalt

**Das sind die Nebeneffekte**
Mehr Vielfalt beim Weingenuss

**Wie oft muss man es tun?**
Möglichst nicht jeden Tag

**Wie aufwendig ist es?**
Einfach

**Gutes-Gewissen-Faktor (3)**
♣♣♣ (Effekt: 1; Häufigkeit: 1; Aufwand: 1)

diesen Trend verschärft der Chardonnay-Chic. Wer kennt noch Reben mit solch malerischen Namen wie Affenthaler, Gänsfüßer oder Putzscheere? Natürlich: Die Arten sind zuerst gestorben, weil sich Läuse im 19. Jahrhundert über sie hergemacht haben, später, weil Vorschriften nur klassifizierte Rebsorten für die Erzeugung zuließen. Heute sind es aber vor allem die Gesetze des Marktes, die Nachfrage der Weintrinker, die darüber entscheiden, welche Reben die Winzer anbauen. Und der Trend der letzten Jahre geht eindeutig zum Bio- oder Ökowein.

Einig werden sich Thomas, Dirk und Jannis an diesem Abend nur beim Thema ABC – beim Thema Drehverschluss streiten sie weiter. Spätestens beim nächsten Weintrinken. Dazu wollen sie sich nämlich jetzt regelmäßig treffen. Sicher nicht ganz so oft wie als Studenten. Aber immerhin einmal im Jahr.

## Kapitel 12
## Blumen bewusst wählen

Meike und Michael haben sich vor ziemlich genau fünf Wochen in dem kleinen Programmkino kennengelernt. ›Before Sunset‹ haben sie gesehen, sicher eine der schönsten Liebesgeschichten der Filmhistorie: Ein Mann, eine Frau treffen sich nach langen Jahren in Paris wieder – laufen den ganzen Tag durch die Stadt und reden dann. Michael und Meike waren beide allein im Kino, sie saßen zwischen lauter knutschenden Pärchen, und vielleicht sahen sich die beiden genau deshalb beim Rausgehen einen Moment zu lang in die Augen. Er sprach sie an, und dann taten sie genau das, was sie vorher knapp anderthalb Stunden lang auf der Leinwand gesehen hatten: Sie redeten. Erst saßen sie in einem Café um die Ecke, dann in einer kleinen Bar – und am Ende verabredeten sie sich für den Sonntag danach, zum Kaffee im Café. Dabei blieb es nicht. Denn an diesem Sonntag verabredeten sie sich für den Sonntag danach. Und an diesem Sonntag wieder für den Sonntag danach. Und dann fragte Meike etwas beiläufig, ob Michael nicht am kommenden Sonntag mal zum Kochen zu ihr kommen wollte. Michaels Herz machte einen Sprung, aber er versuchte, möglichst abgeklärt zu gucken; seine Mundwinkel konnte er noch beherrschen, doch dass seine Augen lächelten, das musste Meike gemerkt haben.

Schon am Dienstag oder am Mittwoch fing Michael an, den Abend generalstabsmäßig vorzuplanen. Meike hatte ihm mal erzählt, dass sie gern Cabernet Sauvignon trinke. Michael kaufte eine Flasche. Dann wusste er, dass sie den Kubrick-Streifen ›Eyes Wide Shut‹ sehr gern gesehen hatte, aber die literarische Vorlage nicht kannte, die ›Traumnovelle‹ von Arthur Schnitzler. Also kaufte er eine Ausgabe. Sonntagmorgen stand er schließlich noch im Blumenladen am Hauptbahnhof. Einen Strauß roter Rosen?

Zu kitschig. Vielleicht rosa Rosen? Nee, das sah so nach Babykleidung aus. Gelbe? Auch nicht, die ließen vielleicht viel beschäftigte Manager von ihren Sekretärinnen der Mutter ins Altersheim schicken. Vielleicht doch eine andere Sorte Blumen? Tulpen vielleicht oder eine wunderschöne Orchidee?

Die Entscheidung für oder gegen eine bestimmte Blumensorte ist nicht nur eine Frage des Geschmacks, nicht nur eine Frage des Anlasses und nicht nur eine Frage des Stils. Sie kann auch zu einer Frage des guten Gewissens werden. Die Deutschen sind große Blumenkäufer: 3,2 Milliarden Euro geben sie im Jahr für Blumen aus. Knapp 40 Euro kommen somit auf jeden Deutschen – vom Neugeborenen bis zum Greis. Rechnet man die raus, die keine Blumen kaufen, weil sie zu alt sind oder zu jung, die, die kein Geld haben, die, die niemanden beschenken können, und die, die vor lauter Misanthropie ohnehin nie Blumen verschenken würden, kommt man auf einen viel höheren Betrag.

Die Deutschen sind eine Macht auf dem Schnittblumenmarkt, Deutschland ist der größte Schnittblumenimporteur der Welt. Vier von fünf Blumen, die in Deutschland verkauft werden, stammen aus dem Ausland; die meisten wachsen in holländischen Treibhäusern. Im Winter jedoch kommen besonders viele Schnittblumen aus Südländern – aus Afrika und Lateinamerika.

Die Blumen werden dort unter oft unkontrolliertem Einsatz von Dünger, Insektiziden und Desinfektionsmitteln angebaut und geerntet. Der Gesundheit der heimischen Arbeiterinnen – meist sind es Frauen – schadet dies; die Frauen klagen über Kopfschmerzen, Übelkeit oder Schädigungen der inneren Organe. Menschenrechtsorganisationen beanstanden diese miesen Arbeitsbedingungen seit langem.

Wenn's dann an den Verkauf geht, kann die Blütenfracht nicht einfach auf den Laster verladen und mal eben von Enschede nach Köln gefahren werden. Da werden die Blumen, sagen wir: in Ecuador, nachmittags geschnitten, in ein Flugzeug verladen, der Flug dauert 18 Stunden, Ankunft in Frankfurt – und von da aus geht's dann im Kühllaster zu den Großhändlern und in die

Blumenläden. Wenn man sich das recht überlegt, ist das Wahnsinn.

Gravierend ist auch die Tatsache, dass es enorm viel Wasser erfordert, Blumen zu züchten. Wer ein Kilo Rosen will, braucht dafür 460 Liter Wasser. Das ist so viel, wie ein Mensch in einem halben Jahr trinken sollte; nebenbei bemerkt, leiden zwei von fünf Menschen auf unserem Globus unter Wasserknappheit (siehe Kapitel 19).

Doch mittlerweile gibt es auch Blumen für ein gutes Gewissen. Diese Blumen tragen das Gütesiegel für »menschen- und umweltschonende Produktion« des Flower Label Program (FLP). Weniger als jede 30. Blume ist mit diesem Siegel ausgestattet, doch es werden mehr – und in Ecuador, einem wichtigen Blumenexporteur, sind bereits etwa zehn Prozent der Blumenfarmen FLP-zertifiziert. Auch in Kenia, Südafrika und Portugal gibt es FLP-zertifizierte Betriebe, denn das Programm ist nicht auf Entwicklungsländer beschränkt. Weil in der Blumenzucht überall Pestizide eingesetzt werden, ist es selbst für europäische Produzenten nicht einfach, das Zertifikat zu bekommen. Das Label wird nur vergeben, wenn bestimmte Arbeits- und Umweltstandards eingehalten werden. In FLP-zertifizierten Betrieben gibt es Festverträge und zudem Anspruch auf Mutterschutz. Handschuhe und festes Schuhwerk sind in der Produktion Pflicht. Als besonders giftig eingestufte Pestizide werden nicht eingesetzt – hier ist die Benutzung von Pestiziden um die Hälfte zurückgegangen. Das ist eine ziemliche Menge, wenn man bedenkt, dass pro Hektar Tulpenplantage etwa 90 Kilo Pestizide eingesetzt werden – während es für Getreide nur zwei Kilo sind. Die Blumen mit diesem Label schonen Mensch und Umwelt, sind allerdings keine »Bioblumen«.

Bioblumen müssen noch strengere Auflagen erfüllen. Sie werden in möglichst intakten Ökosystemen angebaut, es wird besonderer Wert auf Pflanzenschutz gelegt; das bedeutet hier vor allem »sanfte« Vorbeugung, Einsatz von Nützlingen – also den natürlichen Gegenspielern von Schädlingen – oder ausgewogene

**IDEE**
**Die richtigen Blumen kaufen**

**So geht's**
Auf Herkunft und Herstellungsbedingungen achten, lokale Blumen, FLP- oder Bioblumen bevorzugen

**Das bringt's**
Geringere Umweltbelastungen durch Flüge und Pestizide

**Das sind die Nebeneffekte**
Individuellere und natürlichere Blumen

**Wie oft muss man es tun?**
Gelegentlich

**Wie aufwendig ist es?**
Einfach

**Gutes-Gewissen-Faktor (4)**
♣♣♣♣ (Effekt: 2; Häufigkeit: 1; Aufwand: 1)

Nährstoffversorgung. Chemie ist nicht erlaubt. Torf wird nur sehr sparsam eingesetzt, denn die Verwendung von Torf im Gartenbau ist nicht unproblematisch: Erstens fallen dem Torfabbau viele Moore zum Opfer, die für seltene Pflanzen und Tiere wichtige Rückzugsgebiete sind. Zweitens werden beim Torfabbau große Mengen von Treibhausgasen wie $CO_2$ und Ammoniak freigesetzt. Und schließlich ist Torf sauer und enthält praktisch keine Nährstoffe. Wenn man nicht Kalk und Dünger zusetzt, führt er eher zur Übersäuerung des Bodens, als dass er nützen würde. Stattdessen wird im Biolandbau bodenschonend gedüngt, etwa mit organischem Hornmehl. Auch die Vertriebswege bei Bioblumen sind umweltverträglicher – oft sind sie lokal oder regional, sie kommen also ohne Flugtransport aus. Das alles verkleinert den sogenannten ökologischen Fußabdruck – dieses Bild benutzen Umweltexperten gern, um deutlich zu machen, wie umweltschädlich etwas ist. Je größer die Belastung, desto größer der Fußabdruck.

Man erkennt Bioblumen an der EG-Kontrollnummer, die jedes Bioprodukt tragen muss, gegebenenfalls auch am Warenzeichen des entsprechenden Anbauverbandes. Nur wer sich regelmäßig kontrollieren lässt und die Bedingungen der EG-Bioverordnung einhält, darf seine Blumen ökologisch oder biologisch nennen. Bisher baut nicht einmal ein halbes Prozent der Gärtnereien in Deutschland Bioschnittblumen an. Aber es werden mehr.

Übrigens: Beim Blumenkauf sollte man auch auf die Saison achten. Vom Frühjahr bis zum Frühherbst kann man noch gut heimische Blumen kaufen – danach ist es nicht mehr sinnvoll.

Michael ahnt das vielleicht – doch er weiß es nicht. Ratlos steht er vor den Blumen. Er kauft schließlich doch die roten Rosen. Bei Meike kommt das Geschenk gut an. Doch als dieselben Rosen am nächsten und am übernächsten Sonntag noch immer bei Meike stehen und gar nicht verblüht aussehen, beginnt er, im Internet zu recherchieren. Dabei erfährt er so einiges über Pestizide. Und den langen Weg nach Osten, den die Blumen zurücklegen. Bei seinem nächsten Besuch stellt er für Meike auf einem Feld zum Selberschneiden einen bunten Mix aus Feldblumen zusammen. Als er die Geschichte erzählt, freut sich Meike noch viel mehr.

## Kapitel 13
## Die digitale Welt richtig nutzen

Ein bisschen hören sich die Erzählungen aus den späten neunziger Jahren so an wie Märchen aus längst vergangenen Zeiten: Firmenchefs staffierten ihre Mitarbeiter mit Laptops aus und ließen sie jeden Tag einen neuen Platz zum Arbeiten in einem der vielen Büros suchen. Ein Ministerpräsident hielt die erste papierlose Kabinettssitzung ab. Überall veranstalteten Unternehmen Ad-hoc-Videokonferenzen statt lang anberaumter Sitzungen, zu denen die Teilnehmer aus dem ganzen Bundesgebiet hätten anreisen müssen. Und natürlich war das die Zeit, in der ein Börsenmagazin nach dem anderen auf den Markt kam und man sich mit gut verzinsten Bundesschatzbriefen wie ein vorsintflutlicher Anlage-Versager vorkam.

Doch seitdem die Neue-Markt-Blase geplatzt ist, sind auch die Schlagworte der digitalen Revolution unter Generalverdacht gestellt. Vom papierlosen Büro träumt kaum noch jemand. Im Gegenteil: Es wird so viel gedruckt wie nie zuvor! Kaum einer liest alles vor dem Bildschirm. Dabei war die Vision vom papierlosen Büro nicht bloß eine, die Firmenbosse charmant fanden, weil sie modern klang und beweglich und daher bei den Anlegern gut ankam. Die Vision vom papierlosen Büro war auch eine, die für die Umwelt wichtig war. Doch gerade im Büro gibt es unzählige Möglichkeiten zu sparen – noch immer.

Möglichkeit 1 ist, die Vision vom papierlosen Büro zu ersetzen durch die Vision vom papiersparenden Büro. Die ist realistischer, weil man vermutlich ohnehin nur ein paar Digitalenthusiasten davon überzeugen kann, wirklich nichts auszudrucken. Und das ist durchaus verständlich. Eine Seite Papier hat, wenn man so will, eine ganz andere Benutzerführung als eine Seite am PC – man kann Papier knicken und man kann darauf herumkritzeln.

Man kann anstreichen und man kann die Zettel mitnehmen in die Raucherpause. Papier kann man anfassen, eine Digitalseite nicht; manche Menschen sprechen sogar von einer Erotik der Haptik. Es wird zwar schon daran gearbeitet, ein flexibles und wieder beschreibbares elektronisches Papier zu entwickeln – aber das ist momentan noch Zukunftsmusik. Bis dahin werden wir uns mit traditionellem Papier begnügen müssen.

Fragen Sie sich doch mal selbstkritisch: Müssen Sie wirklich jede vierte Mail ausdrucken? Nehmen wir an, in Ihrer Firma arbeiten 500 Leute. Jeder bekommt sechzig Mails am Tag und druckt jede vierte aus. Ein Drittel aller Mails passt auf eine, ein weiteres Drittel auf zwei, ein letztes Drittel auf drei DIN A4-Seiten. Mitgerechnet? Das sind 15000 Seiten! Fünfzehntausend! Stellen Sie sich das mal in den büroüblichen Papierpaketen von 500 Blatt vor!

Jeder von uns braucht statistisch mehr als 200 Kilogramm Papier pro Jahr, also etwa alle drei Tage zwei Kilogramm! Für den gesamten Papierverbrauch in Deutschland sind etwa 50 Millionen Kubikmeter Holz nötig; das ist so viel, wie jährlich in Deutschland geschlagen wird. Mit anderen Worten – wenn man das gesamte in Deutschland geschlagene Holz ausschließlich für die Papierherstellung verwenden würde, könnte man unseren Papierhunger gerade decken (da nur ein Viertel des Holzes für die Papierherstellung verwendet wird, können wir den eigenen Papierbedarf bei weitem nicht aus eigenen Holzreserven decken).

Also: lieber auswählen als ausdrucken. Überlegen Sie genau – was müssen Sie wirklich ausdrucken, etwa weil Sie es in der U-Bahn oder in der Raucherpause lesen wollen? Und was ist nur schlechte Gewohnheit oder falsche Bequemlichkeit?

Beim Ausdrucken sollten Sie auf das richtige Papier achten. In den allermeisten Fällen reicht Recyclingpapier völlig aus, das sich mittlerweile auch prima ganz ohne Nachteile bedrucken oder kopieren lässt. Recyclingpapiere sind oft leider immer noch teurer und können sich deshalb schwer gegenüber umweltschädlicheren Frischfaserpapieren durchsetzen – weil die Nachfrage geringer ist, kann die Massenproduktion nicht so günstig sein; ein Teufelskreis. Um sicherzugehen, dass Sie umweltfreundliches Recyclingpapier verwenden, achten Sie auf die entsprechenden Labels, zum Beispiel den Blauen Engel.

Und noch etwas: So nett es manchmal sein kann, ein Dokument oder eine E-Mail an welchem Ort und in welcher Situation auch immer zu lesen – eine Sache sollten Sie schnellstmöglich aus dem Büroalltag verbannen: das Papierarchiv. Nur Verträge und extrem wichtige Dokumente sollten Sie vielleicht noch in Ordnern aufbewahren. Sehr viel vom Rest kann man digital abspeichern. Mit komfortabler Backup- und Synchronisationssoftware können Sie in kurzer Zeit den gesamten Inhalt einer Festplatte auf mehreren CDs speichern. Sie sparen damit nicht nur zahllose Seiten Papier ein. Sie sparen auch immens viel Zeit. Sie brauchen die Seiten nicht auszudrucken. Sie brauchen sie nicht aus dem Drucker zu nehmen und auf Ihrem Schreibtisch auszubreiten, zu sortieren und dann zu lochen. Sie brauchen sie nicht in Leitz-Ordner einzuheften. Und Sie müssen nicht dafür Sorge tragen, dass die Ordner auch in Ihrem Büro oder sonst wo Platz finden. Ein paar CD-ROMs passen in jede Schreibtischschublade.

Zudem müssen Sie sich nicht mehr durch Ihr Papierarchiv wühlen (im wörtlichen Sinn): Selbst bei größtem Chaos auf dem Rechner oder in der Ordnerverwaltung Ihrer CD-ROM lassen sich Dokumente hier sehr einfach wiederfinden – einfacher als in jedem Regal: dank der einschlägigen Desktop-Search-Programme, etwa von Microsoft oder von Google. Das sind kleine Programme, die Ihre E-Mails, Dokumente, Musikfiles, Bilddateien, Chats und die von Ihnen aufgerufenen Webseiten durchsuchen und mit einem Index versehen, wodurch man die gewünschten Informationen in Sekundenschnelle aufspüren kann. So schnell kann niemand einen Ordner aufklappen, Seiten durchschauen und dann das Signalwort im Buchstaben- oder Zahlenwust finden. Und wer auf ein elektronisches Backup meint verzichten zu können, weil er ja angeblich die wichtigen Sachen eh noch auf Papier hat, wird spätestens beim nächsten Crash der Festplatte zu der Überzeugung gelangen, dass die wirklich interessanten Dinge leider nicht ausgedruckt waren.

Jetzt kommt Möglichkeit 2: Sie können Ihren Arbeitsplatz oder Ihr Büro nicht nur zum papiersparenden Büro machen, sondern auch zum stromsparenden (ein stromloses wird es ebenso wenig geben wie ein papierloses).

Plädieren Sie etwa dafür, nicht an einem Desktop-PC zu arbeiten, sondern an einem Laptop. Laptops verbrauchen deutlich weniger Strom als große Personalcomputer; ein 60-Watt-Notebook benötigt nicht einmal ein Drittel des Stroms eines herkömmlichen 120-Watt-PCs mit 80-Watt-Bildschirm – bei zehn Stunden Betrieb täglich beträgt die Differenz zu der Desktop-Variante mehr als 500 Kilowattstunden oder etwa 90 Euro pro Jahr. Selbst mit Notebooks, die als Desktop-Ersatz ausgelegt sind und einen größeren Bildschirm (also 16 oder 17 Zoll) sowie eine großzügigere Energieverwaltung haben, betragen die Einsparungen noch mehr als die Hälfte, hat die Organisation Energystar errechnet.

Und außerdem ist ein Laptop quasi das, was ein Ausdruck für Papierliebhaber ist: Er lässt sich überall mit hinnehmen, sei es in den Biergarten oder auf die Dienstreise.

Generell gilt: Wer einen Computer (Laptop oder PC) und entsprechendes Zubehör kaufen will, sollte auf den Energieverbrauch und Siegel wie das 80-plus-Siegel, Energy Star oder den Blauen Engel achten.

Zudem können Sie im alltäglichen Betrieb jede Menge Strom sparen: Schalten Sie in kleinen Pausen den Rechner immer auf Stand-by oder switchen Sie zumindest den Monitor aus. Während längerer Pausen schalten Sie den Rechner in den »Ruhezustand« (dann braucht er praktisch keinen Strom mehr) oder ganz aus. Im Stand-by brauchen die Computer zwar nur ein Drittel des Stroms, mit dem sie in Volllast fahren. Das hört sich wenig an. Ist es auch. Einerseits. Doch andererseits ist es wieder viel,

**IDEE**
**Computer richtig nutzen**

**So geht's**
Elektronisches Archiv anlegen, bewusster drucken, bei längeren Pausen Computer ausschalten, gegebenenfalls Laptop statt Desktop nutzen

**Das bringt's**
Weniger Papierverbrauch, weniger Energieverbrauch

**Das sind die Nebeneffekte**
Ermöglicht effizientere Dokumentenverwaltung, spart Energie, Kosten und Platz

**Wie oft muss man es tun?**
Regelmäßig

**Wie aufwendig ist es?**
Einfach

**Gutes-Gewissen-Faktor (5)**
(Effekt: 2; Häufigkeit: 2; Aufwand: 1)

wenn Sie daran denken, wie viele Stunden Computer in Büros ungenutzt herumstehen, bloß weil der Besitzer zwei Stunden in einem Meeting ist. Am besten schalten Sie den Rechner ganz aus und ziehen den Stecker. Dann sind Sie immer auf der sicheren Seite. Und Sie können Ihr Büro nicht nur zum Papierspar-Platz machen. Sondern auch zur Stromspar-Station.

Und warum nicht gleich manche Geräte »virtualisieren«? Das heißt zum Beispiel, dass Sie nicht mehr einen eigenen Apparat zu Hause herumstehen haben müssen, um einen Anrufbeantworter zu nutzen. Sie greifen vielmehr auf den entsprechenden Service Ihres Telefon-Anbieters zurück. Der kann das zentral ungleich umweltfreundlicher und günstiger regeln. Die Deutsche Telekom hat einmal errechnet, dass für eine zentrale virtualisierte Maschine, die zugleich als Anrufbeantworter, Faxgerät, für das Verfassen von E-Mails und zum Simsen benutzt werden kann, 27-mal weniger Energie benötigt würde als für eigens dafür produzierte Geräte zu Hause, und dass Letztere sogar 66-mal mehr Müll erzeugen. Und so schick sind Anrufbeantworter in der Regel auch nicht, dass man damit unbedingt seinen Haushalt schmücken müsste …

Zeit also, das Büro einzurichten, das Papier und Strom spart.

## Kapitel 14
## Kinderarbeit wirksam eindämmen

Marc, 13, ist wütend. Sein Gesicht rötet sich etwas, seine Lider beben und seine Nasenflügel zittern. Er sitzt mit seinem Vater Thomas in der Küche, haut mit der flachen Hand auf den Küchentisch und schimpft Thomas aus: »Wieso hast du jetzt keine Ahnung? Du weißt doch sonst immer alles!«

Thomas trifft dieser Wutausbruch vollkommen unvorbereitet. Was war passiert? Marc hatte am Nachmittag Fernsehen geguckt und dabei eine Reportage über Kinderarbeit gesehen. Auch ein Junge kam vor, so alt wie Marc, einer, der in Bangladesch in einer Weberei arbeitet. »In Bangladesch«, empört sich Marc, »gibt es so was. Das ist doch ungerecht.«

Wie Marc geht es ziemlich vielen Kindern und Jugendlichen in Deutschland. Irgendwann werden sie mit Kinderarbeit in anderen Ländern konfrontiert, sie hören davon in der Schule, lesen etwas in Zeitschriften oder sehen einen Beitrag im Fernsehen. Sie erfahren etwas über Jugendliche, die so alt sind wie sie. Die unerträglich lang arbeiten müssen. Die zehn, zwölf, vielleicht noch mehr Stunden schuften müssen, in Steinbrüchen, Webereien oder als kleine Verkäufer auf den Straßen. Diese Kinder sind Kinder und sind es doch nicht. Guckt man auf ihr Alter, sind sie Kinder. Schaut man auf ihren Alltag, ihre Arbeit, ihre kleine Welt, sind sie längst erwachsen. Sie sind Kinder ohne Kindheit.

Die Internationale Arbeitsorganisation (ILO) schätzt, dass es 217 Millionen Kinderarbeiter weltweit gibt. 217 Millionen, das sind so viele Menschen, wie Kinder und Erwachsene in Deutschland, England, Frankreich und Polen wohnen – zusammengerechnet. 126 Millionen von diesen Kindern arbeiten unter ausbeuterischen Zuständen. Mehr als acht Millionen geht es besonders dreckig: Sie sind Prostituierte, Sklaven oder Soldaten – von »arbeiten« kann man dabei nicht sprechen.

Offiziell ist die Ausbeutung von Kindern verboten. Fast überall zumindest. Die ILO hat ein Abkommen vorgelegt, wonach Kinder erst nach dem Ende der Schulpflicht arbeiten dürfen. 158 Länder haben dieses Abkommen bis zum Jahr 2006 unterzeichnet und ratifiziert. Mehr als 30 weigern sich bislang; einige Unterzeichner haben nur unterschrieben, aber nichts getan. Offiziell ist Kinderarbeit dort verboten, inoffiziell aber nicht. Und so sprechen die Statistiken eine eindeutige Sprache: In Lateinamerika schuftet jedes fünfte Kind, in Afrika sogar jedes dritte – und selbst in den Industrieländern gibt es Kinderarbeit.

Kinderarbeit raubt Kindern aber nicht nur ihre Kindheit, sondern auch die Möglichkeit auf Bildung. Wer arbeiten muss, geht nicht zur Schule. Wer nicht zur Schule geht, kann keinen vernünftigen Beruf erlernen. Wer keinen vernünftigen Beruf ergreift, wird seine Kinder auch zur Kinderarbeit nötigen müssen. Ein Teufelskreis.

»Kann man da denn nichts tun?«, ruft Marc dann. »Du weißt doch sonst immer alles, Papa!«

»Es ist nicht so einfach«, sagt Thomas dann und seufzt, »aber wir haben schon was getan. Du kennst doch den Streit um einen Teppich im Wohnzimmer. Mama wollte unbedingt so einen teuren aus Indien haben. Ich war dagegen. Das könnte ja einer sein, der von Kindern gewebt wurde, habe ich gesagt. Also haben wir keinen gekauft.«

Wie Thomas argumentieren viele Menschen. Sie boykottieren bestimmte Waren. Teppiche etwa, weil viele Leute bei Kinderarbeit immer ans Teppichknüpfen denken und meinen, Boykott helfe den Kindern, ihrem schweren Los zu entrinnen. Die meisten Kinder jedoch schuften in der Landwirtschaft, die wenigsten arbeiten für den Export, nach Schätzungen nur jedes zehnte. Boykotts verstärken die Not der Kinder meist sogar. In Bangladesch zum Beispiel wurden 1993 laut Unicef, der Kinderhilfsorganisation der Vereinten Nationen, 70 000 Kinderarbeiter als

**IDEE**
**Kinderarbeit richtig bekämpfen**

**So geht's**
Nicht boykottieren, sondern beim Kauf auf Labels achten, nachfragen und Projekte gegen Kinderarbeit unterstützen

**Das bringt's**
Reduzierung der Kinderarbeit, wirtschaftlicher Aufstieg der Entwicklungsländer, verbesserte Bildung

**Das sind die Nebeneffekte**
Bildung ermöglicht wirtschaftliche und kulturelle Entwicklung

**Wie oft muss man es tun?**
Möglichst oft

**Wie aufwendig ist es?**
Einfach

**Gutes-Gewissen-Faktor (7)**
(Effekt: 3; Häufigkeit: 3; Aufwand: 1)

Folge eines US-Boykotts entlassen. Viele von ihnen gerieten ins Prostitutions- und Drogenmilieu. Deshalb rät die Kinderschutzorganisation Terre des hommes ausdrücklich, Produkte, in denen Kinderarbeit stecken kann, *nicht* zu boykottieren. Denn wenn dieser Boykott erfolgreich wäre, würden nicht nur die Kinder, sondern auch viele Erwachsene ihren Arbeitsplatz verlieren – was die Armut verschärft, die wiederum eine Hauptursache für Kinderarbeit ist. So kann's also nicht gehen.

Doch was hätte Thomas tun können? Der direkteste Weg ist, für Projekte zu spenden, die Kinderarbeitern zugutekommen – denn Exportprodukte betreffen, wie gesagt, nur einen kleinen Teil der Kinderarbeit. Allerdings ist beim Spenden wichtig, dass ein gut durchdachtes, langfristig angelegtes Programm dafür sorgt, nicht nur die aktuelle Not zu lindern, sondern über Jahre hinweg Entwicklungschancen zu geben – etwa indem Kindern eine Schulbildung ermöglicht wird. Bildung ist der beste Schutz vor Kinderarbeit. Wer nachvollziehen möchte, wofür genau sein Geld verwendet wird, kann die Patenschaft für ein Kind übernehmen oder ein konkretes Projekt unterstützen. Seriöse Organisationen wie Terre des hommes, Unicef oder die Kindernothilfe lassen die Wahl: ein Lernzentrum in Bangladesch? Anlaufstellen für Kinder in Ägypten? Oder möchte man einem ganz bestimmten Kind ganz konkret helfen? Schon mit wenig Geld ist wirksame Hilfe möglich.

Auch der bewusste Abschied von alten Konsumgewohnheiten hilft. Beim nächsten Kauf von Kaffee, Tee, Orangensaft oder Bananen auf ein Label achten, das fairen Handel garantiert. Das Fairtrade-Label von TransFair oder das gepa-Logo sind Beispiele, aber auch das Signet von Rugmark. TransFair-Produkte gibt es bundesweit mittlerweile schon in 27 000 Läden. Oft sind sie nur unwesentlich teurer, dabei ist Kinderarbeit bei der Herstellung dieser Produkte ausgeschlossen, sind angemessene Löhne für die erwachsenen Arbeiter sichergestellt. Wer nicht lange nach Labels suchen möchte, kann seinen Einkauf in einen der über 800 deutschen Eine-Welt-Läden verlegen (übrigens hat auch Bundespräsident Horst Köhler in jungen Jahren einen gegründet). Hier stammen sämtliche Produkte aus fairem Handel. In abgeschwächter Form verpflichten zahlreiche Firmen ihre Lieferanten dazu, bestimmte Sozialstandards einzuhalten, die Kinderarbeit eindämmen. Neben Karstadt, Otto, Puma oder Faber-Castell gehören auch H&M, Deichmann, Metro und Tchibo dazu. Auch adidas ist eine solche Firma. Fragen Sie beim Kauf danach und bleiben Sie stur, wenn Sie mit Floskeln abgespeist werden. Nichts ist für Unternehmen wichtiger als die Nachfrage der Kunden. Nur auf Boykotts sollte man verzichten.

Hilft das denn? In weniger armen Ländern reicht eine strikte Umsetzung des Kinderarbeitsverbots häufig aus, da das Lohnniveau steigt und Eltern somit ihre Familie versorgen können. In ärmeren Ländern muss das Verbot jedoch unbedingt mit materieller Unterstützung kombiniert werden. Vor allem müssen die Kinder dazu angehalten werden, in die Schule zu gehen. Das wäre sogar ökonomisch äußerst sinnvoll: Wenn auf der ganzen Welt die Kinderarbeit strikt verboten würde, würden zwar die Familien erst mal insgesamt 760 Milliarden Dollar an Einkommen verlieren, wie die ILO errechnet hat. Der volkswirtschaftliche Nutzen wäre aber langfristig sieben Mal so hoch, wenn es gelänge, Kinderarbeit abzuschaffen und stattdessen den Bildungssektor auszubauen.

Wenn Thomas und seine Frau Bea also spenden würden, vielleicht eine Patenschaft für ein Kind übernähmen und dazu noch fair gehandelte Produkte kauften – dem Kampf gegen die Kinderarbeit wäre geholfen. Und dem guten Gewissen auch. Und Thomas wüsste endlich eine Antwort, wenn Marc wieder mit dem Thema anfängt.

## Kapitel 15
## Abfall vermeiden

Vielleicht fangen Sie jetzt an zu stöhnen. Wir haben es auch getan. Denn eigentlich denkt man, zu diesem Thema ist alles gesagt und alles geschrieben. Wie man Abfall vermeidet, wie man Abfall recycelt, wie man vermeintlichen Abfall wiederverwendet. Doch offenbar ist das eben nicht der Fall. Es wird viel geredet, doch es wird auch unglaublich viel weggeworfen. Sinnlos weggeworfen.

Wissen Sie, wie viel Müll es jedes Jahr in Deutschland gibt? Etwa 41 Millionen Tonnen. Gut, werden Sie vielleicht sagen, davon lässt sich vieles einfach nicht vermeiden. Aber nehmen wir mal eine Kategorie von Müll heraus, bei der sich völlig problemlos etwas einsparen lässt. Ohne Stress, ohne großen Aufwand und ohne sich verzweifelt um ein gutes Gewissen bemühen zu müssen: den Verpackungsmüll. Wissen Sie, wie viel Verpackungsmüll es jedes Jahr in Deutschland gibt? 15 Millionen Tonnen! Das sind 15 000 000 000 Kilogramm! Stellen Sie sich einen 38-Tonner vor, einen großen Sattelschlepper – das größte Ding, das auf deutschen Straßen zugelassen ist. Stellen Sie sich vor, Sie müssten nicht nur einen von denen überholen, sondern vierhunderttausend! Dann hätten Sie die Menge, die wir in Deutschland jedes Jahr an Verpackungsmüll produzieren. Aneinandergereiht ergäbe das eine Länge von Sattelschleppern von etwa 7000 Kilometern. Das sind etwa 60 Prozent des gesamten deutschen Autobahnnetzes Sattelschlepper an Sattelschlepper nur mit Verpackungsmüll. Und das jedes Jahr.

Zum Glück haben wir Deutschen als Volk der Sammler es dank Gelbem Sack, Papier-, Bio- oder Glasmüll mittlerweile auf eine Recyclingquote von über 50 Prozent gebracht. Und wie im Kapitel »Vermeiden, vermindern, verwerten« (Seite 88) deutlich werden wird – auf einem endlichen Planeten führt langfristig kein Weg an der Kreislaufwirtschaft vorbei. Je früher wir uns darauf einstellen, umso besser. Aber warum die aufwendige Trennung des Mülls, wenn man auch gleich weniger davon produzieren könnte?

Abfall zu vermeiden, das geht besonders gut, wenn Sie einkaufen. So banal es klingt: Nehmen Sie einen Korb oder eine Einkaufstasche zum Einkaufen mit. Man denkt, das macht schon jeder, aber so ist es eben nicht. Wir brauchen in Deutschland etwa fünf Milliarden Plastiktüten jedes Jahr – das heißt, jeder von uns braucht statistisch mindestens eine Plastiktüte pro Woche. Wenn Sie einzelne Teile kaufen, denken Sie daran: Die beste Verpackung ist oft keine Verpackung. Ziehen Sie lose Waren den aufwendig umhüllten Produkten vor. Qualität, Farbe und Material lassen sich so viel besser beurteilen. Das gilt für Stoffe und Kleidung genauso wie für Stifte, Papier und Haushaltswaren. Auch auf die weißen Verpackungen in manchen Fleischtruhen im Supermarkt (offiziell heißen die Dinger »Leichtschaumschalen«) kann man genauso verzichten wie auf die Folie, mit der Wurst oder Käse verschweißt sind. Lose Waren von der Frischtheke oder einzeln abgewogenes Gemüse und Obst spart viel Abfall ein.

Und, auch wenn es wohl ebenfalls banal klingt: Bevorzugen Sie Mehrweg- vor Einwegflaschen. Mehrwegflaschen können bis zu 40-mal befüllt werden, bevor aus ihnen neues Glas entsteht. Einwegbuddeln reichen für ein einziges Mal. Daran hat auch das als Dosenpfand apostrophierte Einwegpfand nichts geändert. Allerdings sollte man zusätzlich darauf achten, dass die Produkte aus der Region kommen. In Bayern ein norddeutsches oder in Hamburg ein bayerisches Bier aus der Mehrwegflasche zu trinken ist nicht unbedingt ein guter Öko-Tipp.

Weiterhin: Kaufen Sie Nachfüllpackungen. Die gibt's für fast alles im Haushalt, von Parfüm bis Persil, von Ohrenstäbchen bis Ovomaltine. Bevorzugen Sie Großpackungen und kaufen Sie keine Portionsgrößen. Ihren Senf müssen sie nicht aus einem Fölchen pressen, den können Sie aus dem Glas löffeln. Ihre Kaffeesahne muss nicht in kleinen Behältern lagern. Die sind, erstens, so out, dass Sie sie eigentlich nur noch in Oma-Cafés vor dem Hinweisschild »Draußen nur Kännchen« serviert bekommen. Zweitens spritzen Sie sich in vierzig Prozent aller Fälle ohnehin beim Öffnen mit Kaffeesahne voll. Und drittens gibt es keinen vernünftigen Grund, die Kaffeesahne nicht aus einer größeren Packung einzugießen. So könnte man das fortsetzen. Vielleicht haben Sie jetzt innerlich gestöhnt, das alles schon zu kennen. Das haben wir auch. Aber die 15 Millionen Tonnen unnützer Verpackungsmüll, die sind dann doch irgendwie überzeugend, oder?

Verpackungen zu vermeiden kostet nichts. Es macht sogar noch nicht mal viel Arbeit. Die Verpackungen, um die Sie nicht rumkommen, sollten Sie wenigstens dem Recycling zuführen. Kompost gehört in die Biotonne, alles mit dem Grünen Punkt in den Gelben Sack oder zur Wertstoffsammelstelle, Altglas in den Altglascontainer, und alles Giftige gehört in eine Sondersammlung. Batterien zum Beispiel (siehe auch Kapitel 27). Und nicht alles müssen Sie wegschmeißen: Sie werden erstaunt sein, für welchen (in Ihren Augen) Schrott Sie bei eBay oder auf Flohmärkten noch was bekommen.

Recycling an sich spart viel, das haben nicht nur die Lobbyisten vom Dualen System Deutschland (»Grüner Punkt«) berechnet: »Mit der Energie, die durch das Recycling von Verkaufsverpackungen allein im Jahr 2003 eingespart wurde, könnten die deutschen Bäckereien über drei Jahre lang für jeden der rund 83 Millionen Bundesbürger täglich zwei Brötchen backen«, heißt es von dort. Und weiter: »Im Jahr 2004 war es so viel, dass jeder der knapp 38 Millionen Haushalte in Deutschland rund 200-mal im Jahr seine Wäsche in der Maschine waschen oder 54-mal den Trockner hätte benutzen können. Und im Jahr 2005 reichte die von nur acht Bundesbürgern gesammelte Menge aus, um die Flutlichtanlage eines Weltklasse-Fußballstadions für die Dauer eines 90-Minuten-Spiels zu betreiben.« Das ist doch was. Es ist

**IDEE**
**Abfall so gut es geht vermeiden**

**So geht's**
Überflüssige Verpackungen vermeiden, angemessene Größen kaufen, Mehrwegsysteme nutzen

**Das bringt's**
Einsparung von Energie und Ressourcen, Verringerung der Müll- und Entsorgungsproblematik

**Das sind die Nebeneffekte**
Mehr Platz zu Hause, und Sie müssen den Müll seltener rausbringen

**Wie oft muss man es tun?**
Regelmäßig

**Wie aufwendig ist es?**
Einfach

**Gutes-Gewissen-Faktor (6)**
🌲🌲🌲🌲🌲🌲 (Effekt: 2; Häufigkeit: 3; Aufwand: 1)

wirklich einfach. Mit Ökogutmenschentum hat das nichts zu tun. Im New Yorker Stadtteil SoHo, sicher eine der hedonistischsten Ecken der Welt, wirbt ein für seine Hipness bekanntes Modelabel mit genau den Dingen für sich, die auch wir vorschlagen: reduce, repair, recycle, reuse.

Und dass Sie viel Müll vermeiden können, wenn Sie manchen Schrott gar nicht erst kaufen, werden wir im Kapitel über Tauschringe (Seite 124 ff.) besprechen.

## Vermeiden, vermindern, verwerten – der Dreisatz der Kreislaufwirtschaft

Kennen Sie das Recyclingsymbol? Drei abgeknickte Pfeile bilden ein Dreieck und folgen aufeinander. Neues wird alt, Altes wird wieder neu, das soll dieses Symbol verdeutlichen. Das gilt für Colaflaschen genauso wie für die Verpackung von Schokokeksen. Schiebt man das Ganze einige Ebenen nach oben, von Cola und Keksen zur ganzen Erde, ergibt sich ein ähnliches Bild: Die Erde ist ein geschlossener Stoffkreislauf. Alles, was auf der Erde produziert und verbraucht wird, kommt aus dem System Erde. Und aller Abfall bleibt da. Was wir produzieren, müssen wir auch wieder entsorgen.

Dabei müssen wir zwei Dinge beachten: Wir verbrauchen zwei Arten von Ressourcen, erneuerbare und nichterneuerbare. Erneuerbare bauen sich nach einiger Zeit wieder auf. Das gilt für biologische Ressourcen: Ein Wald wächst nach, neue Fische werden geboren, Kartoffeln verschwinden nicht plötzlich, nur weil einmal ein Feld abgeerntet wird. Natürlich gibt es Einschränkungen, immer dann, wenn etwas viel zu stark genutzt wird. Wenn Fischer von einer Fischsorte nur zehn Exemplare am Leben lassen und ein größerer Fisch zwei frisst, zwei an einer Krankheit sterben, zwei keine Laiche tragen können und der Rest männlich ist, stirbt die Art aus. Doch das ist eher die Ausnahme; grundsätzlich kann man sagen, dass die erneuerbaren Ressourcen sich wieder regenerieren, wenn man ihnen genügend Zeit lässt.

Wenn man erneuerbare Ressourcen nutzt, gilt ein wichtiger Grundsatz der nachhaltigen Entwicklung: Die Nutzung von Ressourcen ist allein dann sinnvoll (und übrigens auch nur dann legitim), wenn man nur das aus dem System herausnimmt, was das System von selbst wieder erneuern kann. Das ist wie bei Sparkonten: Man darf nur von den Zinsen leben, von dem Geld, das jährlich ausgezahlt wird. Wer zu viel Geld abhebt, bekommt irgendwann keine Zinsen mehr. Auf diese Weise gewährleistet man, dass der Bestand »auf ewig« gesichert ist. Der deutsche Begriff der Nachhaltigkeit stammt ursprünglich aus der Forstwirtschaft und wird schon seit dem

18. Jahrhundert verwendet. Dort meint er, dass man nur so viele Bäume schlägt, wie ein Wald von selbst reproduzieren kann. Da Bäume sehr langsam wachsen, ist das Denken in Generationen in der Forstwirtschaft schon lange fest verankert. Was nützt es, wenn man in kurzer Zeit einen ganzen Wald fällt und dann wieder mindestens 40 Jahre warten muss, bis genügend Holz nachgewachsen ist?

Die erneuerbaren Ressourcen sollte man also nachhaltig nutzen – aber was ist mit den Ressourcen, die sich nicht von selbst erneuern? Was ist zum Beispiel mit Öl, Kohle und Gas? Hier reduziert man mit jeder Tonne, die man verbraucht, die zur Verfügung stehende Menge – für immer. Es hat Jahrmillionen gedauert, bis Kohle oder Erdöl entstanden sind, und sie sind im Nu verbraucht.

Soll man also diese Ressourcen gar nicht verwenden dürfen, um sie für künftige Generationen zu erhalten? Viele Experten sind sich einig, dass das keine Lösung wäre – denn auch wir müssen leben, und zu unserem Leben zählt nun einmal heute, dass wir nichterneuerbare Ressourcen verbrauchen. Lange Zeit galten die Vorkommen von Ressourcen auf der Erde als praktisch unerschöpflich – man konnte sich gar nicht vorstellen, dass sie irgendwann einmal zu Ende gehen. Aber die Fördertechniken wurden immer besser, die Ansprüche der Menschen wurden immer höher und die Zahl der anspruchsvollen Menschen wurde immer größer.

Nun gibt es in der Rubrik »Nichterneuerbare Ressourcen« auch solche, die sich zwar nicht selbst erneuern, aber auch nicht völlig verschwinden; sprich: Man kann sie wiederverwerten. Verbranntes Öl ist für immer weg, aber die Metalle der Karosserie sind auch noch da, wenn das Auto schon längst verrostet ist und der Motor längst seinen Geist aufgegeben hat. Über den Schrotthandel wird der Schrott dann wieder in den Rohstoffkreislauf zurückgeführt.

Um die verrosteten Bleche wieder einzuschmelzen und daraus neue Autos zu produzieren, benötigt man zwar viel Energie, aber grundsätzlich kann man hier in vielen Fällen ein praktisch reines Ausgangsmaterial herstellen. Man kann mit einem gewissen Aufwand aus Blech wieder Blech machen. Man könnte fast sagen, diese Stoffe seien halberneuerbar – denn mithilfe der Technik (und Energie!) können wir sie erneuern. Allerdings sind die heutigen Recyclingquoten noch relativ niedrig – es wird weniger als die Hälfte des Eisens und Kupfers wiederverwendet.

Was viele nicht wissen: Wir reden zwar oft nur von dem Öl oder der Kohle, die irgendwann zur Neige gehen. Aber auch die Metallvorkommen sind nicht völlig unerschöpflich. Wenn man die heute bekannten Metallvorkommen bei konstantem Verbrauch und konstanten Preisen zugrunde legt, dann sind für wichtige Metalle die gut zugänglichen Vorräte schon innerhalb von 100 Jahren aufgebraucht: Kupfer wäre danach noch 90 Jahre verfügbar, Zink 45 und Quecksilber nur noch 35 Jahre. Das heißt nicht, dass es danach gar nichts mehr gibt – aber es wird entsprechend teurer und schwierig, es zu fördern.

Es ist deshalb sehr wichtig, sich an das Denken in Kreisläufen zu gewöhnen. Man kann den folgenden Dreisatz formulieren, der ein Grundgesetz für unser Leben auf der Erde sein sollte: *vermeiden, vermindern, verwerten.*

Als Erstes sollte man vermeiden, unnötig Ressourcen zu verbrauchen und unnötig Müll zu erzeugen. Wer kennt es nicht, dass man etwas kauft oder geschenkt bekommt und entweder gleich im Schrank versenkt oder nach kurzer Zeit ausrangiert, wenn es nicht mehr funktioniert.

Wenn man Ressourcenverbrauch nicht vermeiden kann, sollte man als Nächstes versuchen, ihn zu vermindern. Das kann zum Beispiel dadurch geschehen, dass man ein Produkt oder einen Stoff wieder- oder weiterverwendet. Deswegen ist das herkömmliche Pfandsystem für Getränkeflaschen so sinnvoll (was man so uneingeschränkt wohl nicht vom Trittin'schen Zwangspfand sagen kann). Glasflaschen können, wie gesagt, etwa 40-mal, PET-Flaschen immerhin noch 15-mal wieder befüllt werden. Ein anderes Beispiel war der in Kapitel 7 diskutierte Umgang mit Altkleidern.

Wenn das Wiederverwenden nicht (mehr) geht, kann man einen Stoff oft *weiter*verwenden, wenn man ihn für einen anderen Zweck einsetzt. Zum Beispiel Altreifen oder Kunststoffe als Dämm- oder Isoliermaterialien. Auch die berühmte Parkbank aus »Gelben Säcken« zählt hierzu.

Wenn schließlich auch das nicht mehr geht, kann man einen Stoff noch »verwerten«. Das geht entweder stofflich, indem man die chemischen Grundstoffe in einen neuen Produktionsprozess einspeist – so werden etwa das Aluminium und der Kunststoff aus den klein gehäckselten Resten von Getränkekartons bei der Zementherstellung verwendet. Oder man verwertet »energetisch«, sprich: verbrennt – das geht fast immer.

## Kapitel 16
## Mit Geldanlage Gutes tun

Haben Sie mal einen Euro? Oder haben Sie vielleicht auch ein paar mehr? Haben Sie einige hundert Euro gespart, vielleicht etwas mehr geerbt oder richtig viel im Lotto gewonnen?

Wenn ja, dann haben wir einen Tipp für Sie: Kaufen Sie keine Aktien (da müssen Sie jeden Tag auf die Börsenkurse schielen), kaufen Sie auch keine Fonds (da müssen Sie ohnehin oft zu viele Gebühren zahlen) und legen Sie das Geld auch nicht aufs Sparbuch (da kriegen Sie sowieso kaum Zinsen). Schlafen Sie ruhiger und versuchen Sie, mit Ihrem Geld etwas Gutes zu bewirken.

Haben Sie schon mal von Mikrokredit-Finanzierung gehört? Wenn nein, dann ist Ihnen vielleicht Muhammad Yunus noch ein Begriff? Yunus, ein Ökonom aus Bangladesch, hat für seine Idee 2006 den Friedensnobelpreis bekommen. Er hatte Folgendes festgestellt: Viele Arme können klassischen Banken zu wenige Sicherheiten bieten, um von ihnen einen Kredit zu bekommen. Sie sind nicht oder nur sehr gering gebildet, können oft nicht lesen oder schreiben – und die meisten Banken denken nicht daran, ihnen einen Kredit zu geben. Auf einem ganz anderen Level kennen Sie das auch hierzulande: Wer kein Haus, keine Wohnung, kein geregeltes Einkommen als Sicherheit hat oder neuerdings auch, wer vielleicht schon über 65 Jahre alt ist, gilt als nicht kreditwürdig.

Die Gruppe von Menschen, die wenig ihr Eigen nennen können und die es deshalb schwer haben, an Kredite zu kommen, ist viel größer, als Sie vielleicht glauben: 50 Prozent der Erwachsenen auf der Welt besitzen weniger als ein Prozent des globalen Wohlstands, während das reichste Hundertstel über zwei Fünftel des globalen Wohlstands verfügt (das reichste Zehntel davon wiederum besitzt sogar 85 Prozent!).

Yunus war der Meinung, dass gerade besonders arme Menschen mit wenig Geld viel bewegen können. Yunus, ein Wirtschaftsprofessor, kehrte aus den USA nach Bangladesh zurück und sah die Ausbeutung der Korbflechterinnen – diese waren so arm, dass sie sich nicht einmal die Weiden, also das Flechtmaterial für ihre Körbe oder Stühle, leisten konnten. So blieben sie in der Abhängigkeit von Händlern, von denen sie die Weiden zu horrenden Preisen mieten mussten. Yunus hatte daher folgende Idee: Er lieh ihnen einen Minibetrag, anfangs nur einige Dollar, ohne dafür materielle Sicherheiten zu verlangen. Später machte er ein Prinzip der Kleinkredite daraus: Lokale, oft zunächst sehr kleine Initiativen von privaten Investoren gewähren Kredite von einigen Dutzend Euro bis zu einigen zehntausend Euro. Yunus erkannte, dass insbesondere Frauen oft in der Lage sind, mit wenig Vorhandenem gut umzugehen und damit für ihre Familien zu sorgen. So klischeehaft, aber wahr: Frauen sind gewohnt zu haushalten und stehen weniger als Männer in der Gefahr, das Geld zu vertrinken, zu verspielen oder zu verprassen.

Wie kommen die Frauen bei Yunus nun an Geld? Sie stellen ihre Geschäftsidee vor und müssen einen kleinen Plan dazu entwerfen. Dann treffen sie sich mit anderen Frauen, die auch Kleinkredite bekommen, in sogenannten Peergroups, also Kreisen von Gleichgesinnten. Mit ihnen tauschen sie sich über ihre Erfahrungen aus. Dadurch entsteht ein soziales Geflecht, das den Anreiz erhöht, das Geld zurückzuzahlen; niemand will sich die Blöße geben, vor seinen Bekannten als jemand dazustehen, der schlecht wirtschaftet oder unehrlich mit dem geliehenen Geld umgeht. Manche Initiativen erreichen Rückzahlungsquoten von 98 Prozent – das ist höher als bei den meisten konventionellen Banken und geht kaum besser. Inzwischen haben eine Reihe von Banken wie die Weltbank oder die KfW-Entwicklungsbank Mikrokredit-Programme mit mehreren hundert Millionen Euro unterstützt. Und wohlgemerkt: Die Mikrokredite bringen dem Kreditgeber durchaus Rendite – nur eben nicht ganz so viel, wie man in der Regel über andere Anlageformen bekommen kann. Und sie sind eine Hilfe zur Selbsthilfe.

Ein Beispiel: Mary betreibt einen winzigen Frisörsalon in Sambia in der Nähe eines von Touristen oft besuchten Nationalparks. Sie möchte ihr Geschäft gerne auch für Touristen interessant machen, benötigt dafür aber eine moderne Ausstattung; sie möchte zum Beispiel Haartrockner und Föne anschaffen, für die sie in Sambia umgerechnet 250 Euro bezahlen müsste. Sehr viel Geld für sie – aber nach westlichen Standards wenig. Sie bekommt einen Mikrokredit aus einem Programm vor Ort, kann sich die Geräte besorgen und ihr Geschäft ausbauen – die Rechnung geht auf, mehr und mehr Touristen lassen sich von ihr frisieren, und innerhalb eines Jahres hat sie die Schulden beglichen.

Noch ein Beispiel: Sudipta ist ein 29 Jahre alter Indonesier, der jeden Tag etwa zwölf Stunden sein Rikscha-Taxi fährt. Allerdings muss er etwa die Hälfte seines Einkommens als Miete an den Rikscha-Verleiher zahlen – die Verleiher haben ein Monopol beim Vermieten der Rickschas und pressen dadurch die Fahrer aus. So kommt Sudipta nicht aus der Armutsfalle – fünf Dollar nimmt er am Tag ein, und davon kann er gerade einmal seine Frau und die drei Töchter durchbringen; zurücklegen kann er nichts. Er kann auch kein Geld für die Schuluniformen aufbringen, seinen Kindern keine öffentliche Bildung ermöglichen. Mit den 150 Euro von einer Mikrokredit-Initiative kann er sich seine eigene Rikscha anschaffen und von nun an in seine eigene Tasche wirtschaften. Es ist nicht viel, aber langsam und stetig kann er etwas zurücklegen, zunächst den Kredit abbezahlen, dann auch noch für sich und seine Familie eine Existenz aufbauen.

Das sind nur zwei Beispiele von hunderttausenden. Mit wenig Geld ist Hilfe zur Selbsthilfe möglich. Denn darum muss es letztlich gehen. Wir haben in der Vergangenheit oft genug erfahren, dass gut gemeinte westliche Entwicklungs*hilfe* eher Schaden angerichtet als genutzt hat. Denn zum Teil wurde der Anreiz zur Verbesserung alter Strukturen genommen und die lokale Wirt-

**IDEE**
**Mit Geldanlage Gutes tun**

**So geht's**
Geld in Mikrokredite investieren, anstatt aufs Sparkonto zu legen
**Das bringt's**
Hilfe zur Selbsthilfe leisten, Auswege aus der Armutsfalle ermöglichen
**Das sind die Nebeneffekte**
Ihr Geld ist sicher angelegt und Sie bekommen eine kleine Rendite
**Wie oft muss man es tun?**
Immer, wenn Sie etwas beiseitelegen können/möchten
**Wie aufwendig ist es?**
Mäßig
**Gutes-Gewissen-Faktor (6)**
(Effekt: 3; Häufigkeit: 1; Aufwand: 2)

schaft damit eher ausgebremst als gefördert. Zum Teil wurde das Geld fehlgeleitet und floss in die Taschen korrupter Politiker, die lieber ihre Fahrzeugflotte aufstockten, als in Infrastruktur oder Bildung zu investieren. Zum Teil wurden auch schlicht bedenkliche Projekte unterstützt – wie etwa der Bau von Tiefbrunnen dort, wo die Böden keine intensive Landwirtschaft zulassen, dann aber dank des vermehrten Wassers intensiv genutzt wurden, bald völlig ausgelaugt waren; daraufhin erodierten Böden und es bildeten sich Wüsten. Mikrokredite sind mittlerweile weltweit etabliert und viele Banken haben sich daran beteiligt. Auch als Privatperson können Sie Mikrokredite vergeben. Informationen dazu findet man leicht im Internet.

Bei Mikrokrediten verschenken Sie, wie gesagt, kein Geld, es wird verliehen – nach wohldefinierten Kriterien. Sie können mit Renditen rechnen, die etwa denen eines Sparbuchs entsprechen, zwei Prozent etwa. Das ist nicht viel, zugegeben. Aber vielleicht legen Sie einfach einen gewissen Teil Ihres Geldes an. Damit können Sie beruhigt schlafen und müssen nicht mehr ständig die Aktienkurse verfolgen. Und vor allem: Sie tun es ja nicht nur primär, um Geld zu verdienen, sondern um damit etwas Gutes zu tun.

## Kapitel 17
## Sinnvoll investieren

»Hoch die internationale Solidarität!«, ruft Armin, streckt die rechte Faust in die Luft und lacht. »Hoch!«, stimmen Klaus und Peter ein und fangen ebenfalls an zu lachen. Allen dreien schoss auf einmal dasselbe Bild durch den Kopf, alle drei werden zu raunenden Beschwörern des Imperfekts und reisen in ihre gemeinsame Vergangenheit: Sie haben vor Augen, wie es war, damals beim Konzert von Hannes Wader. Wader hatte die »Internationale« gesungen, und am Ende hatte irgendjemand angefangen, »Hoch die internationale Solidarität« zu skandieren. Armin, Klaus und Peter waren eingefallen in diesen Ruf, in die Rhythmik der Masse, und Wader hatte durchs Mikrofon mitgegrölt.

Damals waren sie Kommunisten gewesen. Keine großen, eher solche, die die Eventhaftigkeit der Veranstaltungen schätzten, die Frauen, die Diskussionen; die sich in den Gruppen immer gut aufgehoben fühlten, auch weil diese sich so klar voneinander abgrenzten. Keine Fraktion mochte die andere, und eigentlich durchblickten sie weder die ganzen Kürzel noch den dahinterstehenden Theorieapparat: Was hieß das schon? Irgendwann hatten sich ihre Wege geteilt. Armin mogelte sich irgendwie in den Staatsdienst und wurde Lehrer; Peter übernahm die elitäre Anwaltskanzlei seines Vaters, nur Klaus blieb dem Lebensstil von damals treu. Er hielt sich mit Kunstprojekten über Wasser, versuchte, seine drei Söhne aus zwei Beziehungen hin und wieder zu sehen, und natürlich duzte er die Freundinnen seiner Söhne sofort, wenn er sie kennenlernte. Klausens Haar war schütter, aber lang, sodass das Gewicht der Haare den Blick freigab auf die vielen kahlen Stellen, die er gar nicht zu verdecken suchte.

Nun haben sich die drei wieder getroffen, nach vielen Jahren. Klaus trägt einen Wollpulli und eine Jeans, Armin trägt eine Cordhose, ein Hemd und ein abgewetztes Tweedjacket, Peter einen dunkelblauen Anzug, ein hellblaues Hemd mit weißem Kragen und eine zitronengelbe Krawatte. Die drei fangen an, ihre Lebenslagen zu vergleichen; aus Neugier auf die anderen, aber auch aus einem Wettbewerbsdenken, das sie schon damals untereinander gehabt hatten. Klaus lebt in einer kleinen Mietwohnung, Armin hat sich gerade ein Haus in der Vorstadt gekauft, Peter besitzt mittlerweile drei Altbauwohnungen, lebt aber selbst zur Miete, »hat mir mein Steuerberater empfohlen«, murmelt er erklärend. Irgendwann kommen sie auch aufs Geld zu sprechen. Peter spricht von der Altersversorgung, von den Aktienfonds aus den Schwellenländern, mit denen er allein im vergangenen Jahr eine Rendite von 25 Prozent hatte. Klaus guckt kritisch. »Peter, was ist denn aus unseren Idealen von früher geworden? Wir wollten eine gerechtere Welt. Und du investierst in Aktienfonds, bei denen du nicht kontrollieren kannst, was aus dem Geld wird? In Bananenrepubliken? Geld ist doch nicht alles, Mensch.« Peter zuckt mit den Achseln. »Tut mir leid, Mann, aber irgendwie muss ich meine Rente finanzieren«, sagt er. »Ich bin Selbstständiger, ich will irgendwann mal aufhören zu arbeiten. Da kann ich nicht einfach auf den aufgeblähten Sozialstaat vertrauen. Ich hab keine Beamtenpension wie Armin.« »Wieso, ich hab doch auch Aktien«, sagt Armin, »ist ganz nett, mal was zu haben.« »Armin!«, entsetzt sich Klaus, »das meinst du nicht ernst!« Armin entgegnet: »Komm, Klaus, irgendwie bist du auch damals beim Hannes-Wader-Konzert stehengeblieben mit deinen Informationen. Natürlich will ich die Waffenindustrie nicht fördern. Natürlich will ich keine Aktien, mit denen ich indirekt Gentechnik oder Atomenergie fördere. Aber natürlich will ich auch Gewinne machen.«

In der Tat lassen sich Gewinn und Gewissen vereinbaren, und das ist wichtiger denn je: Die Finanzmärkte spielen eine Schlüsselrolle in der Weltwirtschaft. Geld bestimmt die Welt. Investoren entscheiden, welche Branchen sich entwickeln, wo es Fortschritt gibt und wie schnell der vor sich geht. Jeder, der Aktien oder Aktienfonds hat, ist ein Investor. Und jeder Investor stimmt mit jedem Euro darüber ab, was mit seinem Geld passiert, ob er nun 50 Euro im Monat in einen Fondssparplan einzahlt oder Omas Erbe von Bundesschatzbriefen in Hochrisikofonds umschichtet. Bei allen Zerrbildern und Träumereien von einer Welt ohne Geld: Globale Finanzströme sind die Grundlage unserer Wirtschaft. Sich dem zu verweigern heißt auch Einfluss abzugeben; Einfluss nämlich darauf, was mit dem Geld passiert.

Normalerweise berücksichtigen Anleger und Investoren Folgendes: Sie wollen Geld anlegen, wollen das Risiko kontrollieren und ihre Ansprüche an ihre eigene Liquidität berücksichtigt wissen – und trotzdem den höchstmöglichen Gewinn rausholen. Heißt: Wer fünftausend Euro in den kommenden Jahren absehbar nicht braucht, der holt potenziell höhere Gewinne raus, wenn er mit mehr Risiko investiert; in einen Fonds mit hoher Aktienquote etwa. Wer die fünftausend Euro aber vielleicht im übernächsten Jahr braucht, weil das Auto womöglich nicht mehr durch den TÜV kommt, für den ist das hohe Risiko nicht gut – vielleicht sind die Kurse gerade am Boden, wenn er das Geld braucht, und er muss zum Restwert von dreitausend Euro seine Fondsanteile verkaufen. Ein solcher Anleger wird eher einen Fonds mit geringer Aktienquote und einem hohen Anteil an festverzinslichen Wertpapieren wählen. Da sind die Gewinne geringer, das Risiko aber auch.

Für Anleger, die Gewinn und Gewissen miteinander verbinden wollen, kommt noch ein vierter Bestandteil hinzu. Sie berücksichtigen nicht nur Risiko, Kapitalbindungsdauer und potenziellen Gewinn, sondern auch die Verwendung der Gelder. Allein im deutschsprachigen Raum gibt es etwa 140 Fonds, die im weitesten Sinne dem Begriff Nachhaltigkeit zugeordnet werden können. Man spricht hier meist von SRI-Anlagen: Socially Responsible Investments. Der Kernbereich des SRI macht in Europa etwa 100 Milliarden Euro aus. Fasst man den Begriff etwas weiter, kann man sagen, dass etwa eine Billion Euro in Europa so angelegt sind, dass die Geldgeber ökologische und soziale Kriterien bei ihrer Investitionsentscheidung berücksichtigt haben.

Nach einer repräsentativen Umfrage der GLS-Bank – eine Bank für nachhaltige Geldanlagen – sind 26 Prozent der Deutschen an einer Geldanlage interessiert, die ökologisch oder sozial orientiert ist. Die in diesem Segment angebotenen Fonds definieren für sich meist eine Reihe von Ausschlusskriterien, welche Investments gehen und welche nicht. Sie investieren nicht in bestimmten Branchen, etwa nicht in die Rüstungsindustrie, nicht in Atomenergie, nicht ins Glücksspiel, nicht in Alkohol, bisweilen auch nicht in Unternehmen, die Tierversuche machen oder im Verdacht stehen, von Kinderarbeit zu profitieren. Manche schließen auch Unternehmen aus, die Großprojekte betreiben. Hier kann jeder Investor für sich entscheiden: Was finde ich noch okay, was nicht, und was möchte ich besonders fördern?

Wer direkt in einzelne Unternehmen investieren will, kann sich zum Beispiel im Natur-Aktien-Index NAI schlaumachen. Das ist gewissermaßen ein weltweiter DAX für nachhaltige Firmen, der besonders strenge Ausschlusskriterien hat. Allein das reicht aber nicht aus, zumal manche dieser Kriterien schwer zu überprüfen sind. Daher müssen die Unternehmen, die in dem NAI gelistet werden wollen, zwei von vier Positivkriterien erfüllen. Sie müssen zum Beispiel Produkte anbieten, die Menschheitsprobleme nachhaltig lösen, also effiziente Wassertechnik einsetzen, sozial orientiert forschen und und und. Sie müssen Vorreiter bei der Produktgestaltung sein, also recycelbare, effizient nutzbare Dinge herstellen oder verkaufen. Sie müssen ihre Produkte umweltschonend herstellen. Und sie müssen Vorreiter sein, wenn es um die soziale Gestaltung des Absatzprozesses geht, also zum Beispiel Lehrstellen schaffen oder die Gesundheit der Mitarbeiter besonders schützen. In dem Index sind ganz unterschiedliche Unternehmen gelistet. Ein norwegischer Pfand-

**IDEE**
**Sinnvoll investieren**

**So geht's**
Geld nachhaltig anlegen – in Nachhaltigkeitsfonds
**Das bringt's**
Erzeugt Druck auf Unternehmen zu mehr Nachhaltigkeit
**Das sind die Nebeneffekte**
Geld ist gut angelegt, manchmal besser als in anderen Bereichen
**Wie oft muss man es tun?**
Immer, wenn Sie etwas beiseitelegen können/möchten
**Wie aufwendig ist es?**
Mäßig
**Gutes-Gewissen-Faktor (5)**
♣♣♣♣♣ (Effekt: 2; Häufigkeit: 1; Aufwand: 2)

flaschengerätehersteller genauso wie eine französische Homöopathiefirma, ein österreichischer Wasseraufbereiter ebenso wie die Kaffeekette Starbucks. Bislang haben es nur dreißig Unternehmen in den Index geschafft, und der hat sich dafür gleich ein Lob von der Stiftung Warentest eingeheimst: »Der NAI sucht nicht nur nach Unternehmen, die eine Vorreiterrolle spielen, er übernahm auch selbst eine«, hieß es in der Zeitschrift ›Finanztest‹. Viele nachhaltige Unternehmen haben in den vergangenen Jahren sehr hohe Wertzuwächse erlebt; das liegt zum einen sicher an gestiegenen Rohstoffpreisen, einem veränderten Umweltbewusstsein und veränderten politischen Rahmenbedingungen wie zum Beispiel dem Energieeinspeisegesetz, das jedem Stromproduzenten einen Mindestpreis garantiert, wenn Ökostrom ins Netz eingespeist wird; zum anderen können kleine und junge Unternehmen, wie es sie in diesem Segment vielfach gibt, schneller wachsen. Ein Schnellboot, das gerade abgelegt hat, beschleunigt erst mal schneller als ein riesiges Kreuzfahrtschiff. Der NAI hat sich seit seiner Gründung 1997 über viele Jahre besser entwickelt als der weltweite Vergleichsindex MSCI World und jährliche Zuwächse von 15 Prozent gehabt. Auch mit dem DAX kann sich der NAI durchaus messen. Natürlich gibt es keinerlei Gewähr, dass das in Zukunft so weitergeht. Doch geht es ja bei der nachhaltigen Geldanlage auch nicht um den »schnellen Euro«, sondern um auf Zukunft angelegtes Gewinnwachstum.

Doch was bringt es nun, Aktien von einem nachhaltigen Unternehmen zu kaufen? Nach der Logik der Aktienmärkte wechseln nur Papiere den Eigner; eine Firma bekommt ja nicht mehr Geld, weil man ihre Aktie kauft, das passiert nur bei einer Neuemission, die viele Firmen zur Kapitalerhöhung einsetzen. Wer aber Aktien kauft und hält, sorgt für Stabilität. Zudem gibt es mittlerweile eine Reihe von Banken, die sich auf Umwelt und Nachhaltigkeit spezialisiert haben, neben der GLS-Gemeinschaftsbank sind das etwa die EthikBank, die Steyler Bank oder die Ordensbank, die auch alle vier Mitglied in Einlagensicherungsfonds sind (was nicht bei allen Banken in diesem Segment der Fall ist); das heißt, das Geld ist auf Dauer sicher, selbst wenn die Bank pleitegeht. Es gibt also genügend Gründe, nachhaltig zu investieren. Doch was ist mit unseren drei Exkommunisten? Armin hat mit seinen nachhaltigen Fonds schon richtig Gewinne gemacht. Klaus lehnt Investitionen nach wie vor ab. »Erstens habe ich kein Geld, zweitens sind gute Kapitalisten auch Kapitalisten.« Nur Peter, der Anwalt, kommt ins Grübeln: Vielleicht investiert er beim nächsten Mal nicht ganz so blind?

## Kapitel 18
## Kirchensteuer zahlen, ohne fromm zu sein

In vielen Benimmbüchern, Knigges oder Stilfibeln gibt es auch einen Abschnitt über die angemessene Unterhaltung. Unterhaltung nicht im Sinne von Entertainment, sondern im Sinne von Miteinanderreden. Von Konversation, von einem gepflegten Gespräch im Restaurant oder einer kleinen Plauderei bei einem Stehempfang. Von Smalltalk. Was man macht, wenn man mit seinem Chef beim Essen sitzt. Der plötzlich »unter Männern« über Frauen reden will. Dabei ist man selbst schwul. Oder wenn man bei seinen potenziellen Schwiegereltern zum ersten Mal eingeladen ist. Die haben die Grünen mitgegründet und organisieren seit Jahren den Arbeitskreis grüner Fundis in ihrem Bezirk. Dabei ist man selbst mit 14 in die Junge Union eingetreten und ordnet sich da dem rechten Flügel zu. Oder wenn man als Historiker beim Babyschwimmen eine Chemikerin kennenlernt und versucht, sich mit ihr über das Verhalten von Stalin und Truman gegenüber dem neu gewählten britischen Premier Clement Attlee bei der Potsdamer Konferenz zu unterhalten. Die Benimmbücher sagen da: Auf keinen Fall! »Der erfahrene Gesellschaftsmensch versteht es, eine gemeinsame Gesprächsebene zu ertasten«, heißt es etwa in einem Buch, an dem die legendäre Erica Pappritz mitgeschrieben hat. Und weiter: »Der Kunsthistoriker wird der Inhaberin einer Fabrik für Wäschemaschinen nicht hartnäckig zu erklären versuchen, inwieweit Lucrezia Borgia während ihrer letzten Jahre am Hofe zu Ferrara die geistige Entwicklung des Philosophen Bembo beeinflusste. Perlon wäre da doch ein neutraleres Thema.« Nun kann selbst Perlon ein Thema extremer Fachsimpeleien sein. Aber Pappritz hat natürlich insofern recht, als es auch heute noch Themen gibt, die viele Leute in Gesprächen lieber umschiffen: Politik gehört dazu (mal abgesehen von den peinlichen Diskussionen über die Frisur von Frau Merkel oder die mögliche Tönung der Haare von Herrn Schröder), Sexualität ist so eines, und auch Religion wird bei vielen Gesprächen ausgeklammert. Beten gilt nicht als schick, in die Kirche zu gehen noch weniger. Und das Thema Kirchensteuer wird häufig nur mit folgendem Unterton angesprochen: »Endlich bin ich ausgetreten! Ich spare nun hundert Euro im Monat!«

All das ist Anlass genug, einen Grund für ein gutes Gewissen vorzuschlagen, der vielleicht erst mal etwas verwegen klingt: Kirchensteuer zahlen, ohne fromm zu sein. Ja, sogar noch mehr: Kirchensteuer zahlen, ohne überhaupt mal eine Bibel, ein Gesangbuch oder einen Pfarrbrief in der Hand gehalten zu haben.

Warum das?

Treten wir einen Schritt zurück, bevor wir das beantworten: Kirchensteuer gibt's seit dem 19. Jahrhundert, als sie nach und nach in verschiedenen deutschen Staaten und Provinzen eingeführt wurde. Bis 1950 haben die Pfarrgemeinden direkt die Steuer kassiert, seitdem tut das der Staat; natürlich nicht umsonst, wer würde das auch erwarten, sondern für eine Aufwandsentschädigung von drei Prozent der eingetriebenen Summe. 97 Prozent gehen an die Kirchen. Die Kirchensteuer ist ein dicker Batzen Geld, in den meisten Ländern beträgt sie neun Prozent von der Einkommensteuer. Wer 500 Euro Steuern für sein Einkommen zahlt, legt noch mal 45 Euro drauf. Wer das sparen will, kann aus der Kirche austreten – Geld ist angeblich der häufigste Grund, nominell nicht mehr zur Kirche zu gehören, nicht etwa der Glaube. Vielfach spielt der keine Rolle. Es gibt evangelische Christen, die als Austrittsgrund angeben, sei seien gegen die neueste Rede des Papstes, etwa eine gegen Abtreibung oder Sex vor der Ehe. Dummerweise ist der Papst nicht evangelisch.

Was immer das Motiv auch sei – immer mehr Menschen treten aus, besonders seit 1991 der Solidaritätszuschlag eingeführt wurde und die Steuerlast dadurch stieg: Allein zwischen 2000 und 2004 verließen 1 446 777 Menschen die beiden großen christlichen Kirchen in Deutschland, gut 850 000 die evangelische, knapp 600 000 die katholische. Dies ist zwar noch lange kein Grund für einen Abgesang auf die Kirchen – Sonntag für Sonntag gehen etwa zehnmal mehr Menschen in die Kirchen als am Tag zuvor in die Stadien der Fußball-Bundesligaspiele.

Allerdings merken die Kirchen deutlich die knappen Kassen. Die fetten Jahre sind vorüber. Da die Kirchensteuer an die Einkommensteuer gekoppelt ist, verlieren die Kirchen noch aus einem anderen Grund: Wenn jemand weniger Einkommensteuer zahlt, zahlt er auch weniger Kirchensteuer. Seit der Steuerreform ist genau das der Fall. Und je mehr Arbeitslose es gibt, desto weniger Einkommensteuer wird fällig – deshalb drücken die Arbeitslosen nicht nur auf die Staatsfinanzen, sondern auch auf den Kirchsäckel. Auch die meisten Rentner zahlen keine oder nur sehr wenig Einkommensteuer – und entsprechend wenig Kirchensteuer. Je älter die Kirchengemeinden werden, desto weniger Geld gibt es – derzeit zahlt nicht einmal jedes dritte Mitglied überhaupt Steuern; Schüler und viele Rentner, auch Arme und Arbeitslose zahlen nichts.

Das Bistum Aachen etwa hat 2004 noch 195 Millionen Euro eingenommen; 2008 sollen es nur 176 Millionen sein. In anderen Bistümern oder ihren evangelischen Pendants, den Landeskirchen, sieht es ähnlich aus. Die Unternehmensberater von McKinsey haben schon wiederholt Kirchen durchleuchtet und viele Vorschläge zum Sparen gemacht.

Sicher hat es in der Vergangenheit manchen Wasserkopf gegeben, und der Druck, die Effizienz zu steigern, bietet auch Chancen. Aber die Vorschläge zum Sparen treffen auch vieles, was das kulturelle Leben in Deutschland so bereichert. Und vieles, das im sozialen Bereich unverzichtbar ist. Die Akademie der Evangelischen Kirche in Nordelbien wurde mit ihren beiden Niederlassungen Bad Segeberg und Hamburg dichtgemacht. Das Studentenwohnheim der katholischen Kirche in Bonn wurde verkauft. Ebenso die Akademie der Rheinischen Kirche in Mülheim/Ruhr. In Bistümern wurden aus Priester- und Geldmangel diverse Pfarrgemeinden zusammengelegt.

Wenn der Trend so weitergeht, ist ein wichtiger Baustein des kulturellen und sozialen Lebens in Deutschland gefährdet. In welches Altersheim sollen denn die Senioren gehen, wenn das evangelische die Pforten schließen muss? Wo werden die Kinder betreut, wenn der katholische Kindergarten zumacht? Was ist mit dem Gesprächskreis für die Alten, mit der Jugendgruppe im Problembezirk, mit dem Sommerfest um die Ecke?

Sicher ist: Das alles ist in Gefahr. Und sicher ist auch: Der Staat und andere private Träger können da nicht einspringen. Zum einen hat der Staat auch kein Geld. Zum anderen gibt es zu wenige Mäzene, Förderer und Spender, die einfach ein Alternativnetz mit viel Geld aufspannen könnten. Und schließlich: Auch viele Kirchenferne sehen sich im kulturellen Erbe der jüdisch-christlichen Tradition des Abendlandes verwurzelt – selbst wenn sie nie in die Kirche gehen. Viele Musikliebhaber erfreuen sich an großer Kirchenmusik, die oft kostenlos im Rahmen von Gottesdiensten dargeboten wird. Die Kirchen bieten Raum für soziale Beziehungen, für Begegnungen über die Grenzen von Kulturen und Einkommen hinweg. Welchen wichtigen Beitrag zum politischen Diskurs, zur gesellschaftlichen Reflexion und zum kulturellen Leben die Kirchen liefern, fällt dort besonders auf, wo es zu spät ist. Wenn etablierte Einrichtungen geschlossen, Immobilien zum Schleuderpreis veräußert oder Kulturprogramme zusammengestrichen werden, dann sind dies Entwicklungen, die auf Jahre oder Jahrzehnte nicht zurückzuschrauben sind. Vielleicht wird noch so mancher seinem christlichen Erbe nachtrauern, wenn er später einmal im globalen Wettbewerb der Lebensentwürfe den Weg zu seinen eigenen Wurzeln sucht und sehen muss, wie viel er oder sie verloren hat.

Es gibt also genügend Gründe, nicht aus der Kirche auszutreten, sondern weiter Kirchensteuer zu zahlen. Jeder, der in der Kirche bleibt, erhält dadurch einen wichtigen Teil des kulturellen und sozialen Netzes in Deutschland. Dazu braucht man noch nicht einmal die Christmette und »Oh, du fröhliche« toll zu finden. Dazu muss man sich nicht kirchlich trauen lassen. Dazu

**IDEE**

**Kirchensteuer zahlen, ohne fromm zu sein**

**So geht's**

Nichts tun, wenn Sie Kirchenmitglied sind – wenn nicht, spenden oder evtl. (wieder) eintreten

**Das bringt's**

Beitrag zum Erhalt des kulturellen und sozialen Netzes in Deutschland

**Das sind die Nebeneffekte**

Steuerlich absetzbar

**Wie oft muss man es tun?**

Nie, wenn Sie Kirchenmitglied sind; sonst wiederholt spenden oder einmal eintreten

**Wie aufwendig ist es?**

Einfach, aber es kostet etwas

**Gutes-Gewissen-Faktor (4)**

♣♣♣♣ (Effekt: 1; Häufigkeit: 1; Aufwand: 2)

muss man auch nicht beten, geschweige denn Sonntag für Sonntag eine mehr oder minder inspirierende Predigt anhören. Man muss kein schlechtes Gewissen oder Angst vor der Vorhölle haben. Und noch eins: Es gibt Kircheneintrittsstellen, bei denen man seinen Austritt rückgängig machen kann und wieder Mitglied der Kirche wird. Oder man fragt einen Pfarrer.

Gibt es eine Alternative? Klar. Wenn Sie schon partout austreten wollen, dann spenden Sie. Allerdings nicht mal so fünfzig Euro am Ende des Jahres, wie das viele eben so tun, die aus der Kirche austreten. Das ist bloß ein Tranquilizer fürs schlechte Gewissen. Spenden Sie neun Prozent der Einkommensteuer. An ein soziales Projekt. Gern mehr, aber nicht weniger.

## Kapitel 19
## Dem Wasser wirklich helfen

Marvin ist frühpubertär. Der 12-Jährige wurde kürzlich in der Schule dabei erwischt, wie er mit einem dicken Edding Sprüche an die Klowand malte, harmloses Zeug, aber in vier Zentimeter hohen Blockbuchstaben: »Wer andern eine Bratwurst brät, der hat ein Bratwurstbratgerät.« Eine Lehrerin bezeichnete ihn kürzlich als »ununterrichtbar«, weil er in der Schulstunde ständig hineinruft. Und seine Eltern ärgern sich regelmäßig, dass er sich wochenlang weigert, sich die Haare zu waschen.

Doch bei einer Sache hatten die langjährigen Erziehungsversuche von Eltern und Lehrern offensichtlich Erfolg: Marvin spart Wasser. Mal abgesehen davon, dass er fast nie duscht oder badet – fettige Haare sähen »einfach cooler« aus – stellt er beim Zähneputzen das Wasser aus, drückt nach dem Klogang die Wasserspartaste und hat in der Schule begeistert dabei mitgeholfen, Regentonnen aufzustellen, mit denen die einzelnen Klassen nun ihre Blumen gießen sollen.

Sieht man von der fehlenden Körperhygiene ab, so ist Marvin durchaus typisch. Beim Zähneputzen das Wasser abzustellen, ist vielen so in Fleisch und Blut übergegangen, dass sie darüber gar nicht mehr nachdenken. Viele Toiletten haben Wasserspartasten, und in öffentlichen Räumen wird darauf mit niedlichen Aufklebern auf dem Spülkasten hingewiesen. Wassersparende Duschköpfe sind weit verbreitet – und dass ein neuer Geschirrspüler weniger Wasser braucht, als wenn man per Hand das Geschirr wäscht, das hat sich mittlerweile auch schon herumgesprochen; im Vergleich zu 1975 brauchen Geschirrspüler nur noch knapp die Hälfte der Energie und ein gutes Fünftel des Wassers.

Beim Wassersparen sind die Deutschen fast Spitze: Sie verbrauchen im Schnitt 127 Liter Wasser pro Kopf und Tag; ein Drittel davon geht übrigens fürs Duschen und Baden drauf, ein Viertel für die Toilette, fürs Kochen und Trinken nur ein Bruchteil davon. 127 Liter – in der Sparstatistik der Industrienationen liegen die Deutschen damit auf Platz 2; nur die Belgier verbrauchen noch weniger. Die Amerikaner stehen übrigens am anderen Ende der Statistik, sie verschwenden knapp 300 Liter Wasser pro Kopf und Tag – mehr als doppelt so viel wie die Deutschen.

Wasser ist kostbar. Unser Planet ist zwar zu 71 Prozent von Ozeanen und Seen, Flüssen und Bächen bedeckt, aber nur gut drei Prozent sind Süßwasser, davon wiederum ist der größte Teil als Eis der Polkappen und Gletscher gebunden oder im Grundwasser enthalten. Nur drei Promille des Süßwassers können für das Trinkwasser verwendet werden. Die Hälfte der Menschheit hat heute schon zu wenig Wasser. Eine Milliarde Menschen haben keinen sicheren Zugang zu einem Brunnen oder einer Quelle, jedes fünfte Kind bekommt kein sauberes Trinkwasser. Wasser ist ungleich verteilt – wer reich ist, ist auch reich an Wasser. Wer arm ist, leidet Wassernot.

Besonders viel Wasser verbraucht man übrigens viel indirekter als durch Spülen oder Baden – um ein Kilo Lammfleisch zu produzieren, benötigt man 10 000 Liter Wasser; bei Rindfleisch zum Teil noch mehr. Wenn Sie ein ganzes Jahr lang jeden dritten Tag ein ausgedehntes Vollbad nehmen würden (zu Risiken und Nebenwirkungen fragen Sie Ihren Hautarzt!), verschwenden Sie eine Menge Wasser, die gerade mal ausreicht, um etwa zwei Kilo Rindfleisch zu erzeugen. Übrigens braucht auch Getreide 1500 Liter Wasser pro Kilo, Reis 2000 Liter, während zwei Pfund Tomaten nur 80, Kartoffeln nur 100 Liter erfordern. Sicher, ein Teil dieser Menge fällt in vielen Regionen als Regen auf die Erde, aber schon heute setzt man für weltweit 40 Prozent der Nahrungsmittelproduktion Bewässerungsanlagen ein!

Vielleicht ist es ein guter Gedanke, beim Wasserverbrauch zu sparen, aus Solidarität mit den vielen Menschen, die kein Wasser haben. Doch die Deutschen sind beim Wassersparen schon so gut, dass sie eigentlich gar nicht mehr viel sparen können; das

Leitungsnetz vieler Städte ist auf viel größere Mengen Wassers angelegt, als derzeit durchfließen; wenn zu wenig Wasser fließt, bilden sich Keime. Um die zu bekämpfen, setzt allein die Stadt Rostock Chemikalien im Wert von 115 000 Euro ein. »Wassersparen ist lobenswert, aber nicht immer sinnvoll«, schrieb selbst die ehrwürdige Bundeszentrale für politische Bildung in ihrem Jugendmagazin.

Langer Rede kurzer Sinn: Wassersparen ist nicht alles. Marvin darf ohne schlechtes Gewissen duschen. Um beim guten Gewissen zu punkten, muss man was anderes tun: auf die Qualität des Wassers achten.

Denn Wasser ist ein typisches Kreislaufprodukt (Sie erinnern sich: Über die Kreisläufe haben wir auf Seite 88 schon mal gesprochen). Wir pumpen Grundwasser aus dem Boden, vertrinken, verduschen oder verspülen es, geben es ins Abwasser, dann gelangt es in die Kläranlagen, von dort in Flüsse und Meere. Wenn wir die Ozeane verschmutzen, kommt das über die Fische zu uns zurück. Wenn wir die Felder überdüngen, gelangt dieser Dünger ins Grundwasser, in Flüsse und Seen und von dort wieder zu uns – entweder direkt, weil wir daraus einen Teil unseres Trinkwassers gewinnen, oder indirekt, weil wir die Fische aus den Seen essen. Abgase, die bei der Kohleverbrennung oder beim Autofahren entstehen (vor allem Stickoxide und Schwefeldioxid), kommen als saurer Regen wieder zurück und führen zum Baumsterben oder übersäuerten Gewässern (bei uns zum Glück lang nicht mehr so schlimm wie vor ein paar Jahrzehnten). Auch wenn man Böden verunreinigt, schadet das dem Wasser; Regenwasser löst Nitrate, Phosphate, Pflanzenschutzmittel aus dem Boden und schwemmt diese dann ins Grundwasser. Daher ist es wichtig, diesen Kreislauf so sauber wie möglich zu halten.

Und hier gibt es ziemlich viel zu tun.

Überprüfen Sie, ob Sie wirklich chemische Putzmittel benötigen, und wenn ja, dann setzen Sie sie nur gezielt und sparsam ein – ein Zuviel schadet oft. Ein gesunder Mensch braucht keine

**IDEE**

**Wasser überlegt verwenden und vor allem nicht unnötig verschmutzen**

**So geht's**

Wasser nicht unnötig laufen lassen, möglichst wenig Chemie und keine Abfälle ins Abwasser geben, Leitungswasser trinken

**Das bringt's**

Saubere Gewässer, gesündere Fische, bessere Nahrung

**Das sind die Nebeneffekte**

Geringere Kosten für Wasser und Strom (wegen Warmwasser), Wasser aus der Leitung trinken spart Geld und Kistenschleppen

**Wie oft muss man es tun?**

Ständig

**Wie aufwendig ist es?**

Einfach

**Gutes-Gewissen-Faktor (7)**

♣♣♣♣♣♣♣ (Effekt: 3; Häufigkeit: 3; Aufwand: 1)

chemischen Keulen wie Desinfektionsmittel oder antibakterielle Reinigungsmittel. Beim Arzt sind sie wichtig, um Krankheitserreger zu bekämpfen. Zu Hause sind sie meist unverhältnismäßig. Sie greifen die Mikroorganismen an, auch diejenigen, die in unseren Kläranlagen mithelfen, das Wasser zu reinigen. Sogenannte Duftsteine im Klo, die eigentlich Stinksteine heißen müssten, braucht auch niemand – sie bestehen oft aus Paradichlorbenzol, das ist ein industrieller Abfall, den man eigentlich kostspielig entsorgen müsste und nicht einfach das Klo runterspült.

Auch in vielen anderen Dingen im Haushalt gilt die Devise »Viel hilft nicht immer viel«. Viele Menschen kippen viel zu viel

Waschpulver in die Waschmaschine. Testen Sie mal, ob Sie nicht auch mit weniger hinkommen – reduzieren Sie einfach das Pulver von Mal zu Mal. Wenn die Wäsche dann nicht richtig sauber wird, erhöhen Sie das Quantum wieder ein wenig, und Sie haben das richtige Maß gefunden. Auf Weichspüler können Sie meistens verzichten. Fragen Sie bei Ihrem Wasserwerk nach, wie hart Ihr Wasser ist. Wenn Sie den Härtegrad kennen, können Sie viel genauer dosieren – das schont nicht nur die Umwelt, sondern auch Ihren Geldbeutel.

Auch bei Spülmaschinen sollten Sie auf die richtige Dosierung achten und die Maschine erst einschalten, wenn sie voll ist. Wenn Sie die Maschine immer halb voll laufen lassen, weil Sie so wenige Teller haben, kaufen Sie sich lieber neues Geschirr.

Aber es geht nicht nur um Chemikalien, die aus den Haushalten ins Abwasser fließen und die dann wieder mühsam aus dem Kreislauf des Wassers entfernt werden müssen. Auch viele andere Dinge haben im Wasser nichts zu suchen. Asche und Zigaretten, Damenbinden und Slipeinlagen, Farben und Fette, Katzenstreu und Vogelsand, Kondome und Küchenabfälle, Lacke und Lösungsmittel, Medikamente und Öle, Pflanzenschutzmittelreste und Pinselreiniger, Rasierklingen und Textilien gehören nicht ins Klo, sondern in den Haus- oder sogar in den Sondermüll. Warum? Kann all das nicht aus dem Wasser wieder herausgefiltert werden? Kann es teilweise schon, aber das ist sehr aufwendig.

Bei einer Sache können Sie übrigens bedenkenlos mehr Wasser verbrauchen: Trinken Sie mehr Leitungswasser! Das sprudelt in Deutschland in so hoher Qualität aus dem Hahn, dass Sie es bedenkenlos trinken können, »Kraneberger« nennen das manche. In den meisten Regionen kann man es sogar bedenkenlos für Babynahrung verwenden. Das Trinkwasser aus der Leitung unterliegt strengeren Qualitätsanforderungen als Mineralwasser. Und selbst diese strengen Grenzwerte werden meist weit unterschritten. Sie können also beruhigt zum Hahn greifen. Nur wenn Sie ein paar Tage nicht zu Hause waren, sollten Sie erst zwei, drei Minuten das Wasser laufen lassen, bevor Sie es trinken, denn es könnten sich im Wasserhahn Keime gebildet haben. Wenn Sie auf Kohlensäure stehen, kaufen Sie sich eine Maschine, mit der Sie die Kohlensäure ins Wasser schießen. Sie helfen damit der Umwelt gleich mehrfach: Mineralwasserflaschen müssen gereinigt, verpackt und vom Abfüller zum Laden gefahren werden. Eine Mehrweg-Mineralwasserflasche legt von der Quelle bis zum Verbraucher etwa 150 bis 200 Kilometer zurück, heißt es in einer Studie des Umweltbundesamtes. Noch blödsinniger ist es übrigens, sich in Deutschland ausländisches Mineralwasser zu kaufen. Das können Sie vermeiden, wenn Sie Ihr Wasser selbst machen – und dann sparen Sie sich auch, ständig schwere Kisten zu schleppen.

Soll Marvin beim Zähneputzen jetzt also bedenkenlos das Wasser anlassen? Natürlich nicht. Eine Sache kann er aber noch verbessern. Sich mit kaltem Wasser die Zähne zu putzen, ist nicht nur besser fürs Zahnfleisch. Sondern es spart auch Energie.

## Kapitel 20
## Kinder für die Natur begeistern

Der Aufschrei war riesengroß: Mitte der neunziger Jahre hatten 40000 Kinder an einem Malwettbewerb teilgenommen. Als die Kinder eine Kuh ausmalen sollten, wählten 30 Prozent eine ihnen offenbar wohlbekannte Farbe: Sie malten die Kühe lila aus. Pädagogen echauffierten sich und klagten, die Kinder seien von der Werbung verdorben, sie kennten ihre Natur nicht mehr, und schuld seien daran vor allem die Eltern: Sie brächten den Kindern ihre Umwelt nicht mehr nahe. Lila Kühe, schäumten die Pädagogen, wo kommen wir denn da hin?

Der ›Zeit‹-Redakteur Christoph Drösser hat in seiner legendären »Stimmt's?«-Kolumne zwar nachgewiesen, dass die Kinder durchaus in der Lage waren, zwischen Werbekühen und Wiesenkühen zu unterscheiden. Sie hätten ihre lila Laune wohl witzig gefunden. Allerdings, schreibt Drösser, glaubten elf Prozent der Kinder ernsthaft, dass Enten gelb seien.

Die Zahlen zeigen, wie stark die Milka-Werbung wirkt und wie stark die Enten aus der ›Sendung mit der Maus‹ und aus unzähligen heimischen Badewannen die Kinder beeinflussen. Sie sind ein Hinweis darauf, wie wenig Kinder heute mit der Natur vertraut sind. Wer Entenmänner in ihrer edlen Farbigkeit gernhat und Entenfrauen ob ihres bundeswehrartigen Tarnkleides liebt, der braucht sie nicht gelb zu malen. Wer braunscheckige Kühe für cool hält, wird ein veilchenfarbenes Rind nur albern finden. Und wer beim Spaziergang durch den Wald nicht bloß Grün sieht wie viele andere und nicht jede Fichte für einen Tannenbaum hält, der wird den Wald eher liebgewinnen als jemand, der keine Ahnung hat.

Wer die Natur kennt, wird sie lieben, wer sie liebt, wird sie schützen. Wer erlebt hat, dass unser Essen aus der Natur kommt, kann ein Verständnis für natürliche Stoffkreisläufe entwickeln und erkennt den Wert von Nahrungsmitteln. Umgekehrt haben Kinder, die der Natur entfremdet sind, Enten für gelb halten und glauben, dass Milch aus dem Tetrapak kommt, keinen Zugang zu ökologischen Notwendigkeiten; noch mehr: Sie werden irgendwann ihre Kindheit als sterile Sache erinnern; wer in einem täglich Domestos-gereinigten Kinderzimmer vor dem Computer sitzt und Baller- oder Lernspielchen spielt, wird seine frühen Jahre langweilig finden. Langweiliger zumindest als die, die im Maisfeld Verstecken spielten, mit Wasserpistolen von Baumhaus zu Baumhaus schossen oder als Mutprobe Regenwürmer aßen.

Daher ist einer der nachhaltigsten Wege zu einem guten Gewissen, Kindern die Natur nahezubringen und ein Interesse für die Lebenszusammenhänge da draußen zu wecken.

Das ist nicht nur wichtig, damit Kinder eine Kuh schwarz-weiß gefleckt, braun-weiß geriffelt oder einfarbig schwarz, braun oder weiß malen. Es geht nicht um ein enzyklopädisches Wissen in Botanik und Zoologie, es geht um Wertschätzung.

Bewusstsein für unsere Natur zu schaffen ist eigentlich ganz einfach, zumindest wenn Sie bei der »Welt-retten-für-Einsteiger«(WrfE)-Entdeckertour mitmachen. Schon im Windelalter erleben viele Eltern, dass Kinder sich Natur zu eigen machen, indem sie zum Beispiel jede Menge Sand in den Mund stecken, was man dann kurz darauf auf dem Wickeltisch begutachten kann. Und je älter die Kinder werden, desto größer wird auch ihr Entdeckungsradius in der Natur. Es wird dann bald interessant, große Steine oder lose Baumstümpfe umzudrehen. Sie werden überrascht sein, von wie vielen winzigen Tieren es dort wimmelt – meist gibt es kleine Nacktschnecken, Asseln, Tausendfüßler, Spinnen, Regenwürmer und Ameisen. Ist das Kind dann etwas älter, dann sammeln Sie die Tiere gemeinsam ein, betrachten sie unter der Becherlupe – aber bringen Sie die Viecher am Ende wieder dahin zurück, wo Sie sie gefunden haben.

Versuchen Sie, alle Lebewesen genauer zu unterscheiden. Kaufen Sie sich einen Artenführer. Ein Pilz ist vielleicht ein

Schopftintling, aber womöglich auch ein Faltentintling, ein Baum ein spitzblättriger Ahorn. Nach einiger Zeit werden Sie feststellen: Sie selbst haben echte Probleme, sich die ganzen Namen zu merken, die Kinder nicht; sie lernen die Namen spielerisch, von ganz allein. Streifen Sie mit einer großen Lupe durch die Wiesen, schauen Sie sich an, was Sie finden. Die Kinder werden im Laufe der »WrfE«-Tour immer mehr zu kleinen Expeditionsleitern. Machen Sie den siebten oder achten Geburtstag Ihres Kindes zur Attraktion – andere Eltern fahren zum Kinderkegeln oder zur Fete bei McDonalds. Sie fahren lieber in den Wald und machen eine Rallye. Drucken Sie Bilder von Gegenständen auf ein Blatt Paper: ein Eichenblatt, ein Schneckenhaus, einen kugelförmigen Stein – wer als Erster alles gesammelt hat, bekommt eine selbst gebastelte Pappkrone und wird zum König des Waldes gekürt. Im Herbst können Sie Bucheckern, Ahornsamen, Kastanien und alle möglichen Blätter sammeln und damit basteln. Endlich haben Sie auch eine Verwendung für all die gedruckten Telefonbücher, die Sie von der Post holen, obwohl Sie ohnehin immer im Internet nachschauen – die eignen sich hervorragend, um Blätter zu pressen.

Und wie wäre es mit Ferien auf dem Bauernhof? Kinder finden es großartig, mit Tieren umzugehen. Und es ist wichtig, dass sie lernen, wie sie gepflegt und gefüttert werden müssen und dass sie ihre eigenen Bedürfnisse haben.

Je älter Ihre Kinder werden, desto ausgiebiger können die Touren werden. Wie wäre es, mal mit Gummistiefeln in einen Tümpel zu steigen? Kescher und Marmeladenglas mitnehmen, und dann fangen Sie Schwimmtierchen und betrachten sie. Und ganz wichtig: Die Kinder sollten früh lernen, anderes Leben zu respektieren, auch Tieren ihre Ruhe zu lassen. Deshalb sollten Sie solche Aktionen natürlich nur dort machen, wo Sie damit keinen Schaden anrichten (also nicht in Naturschutzgebieten).

Haben Sie schon mal weitab von großen Städten Urlaub gemacht? Auf Langeoog oder irgendwo in den Bergen? Sie sehen unzählige Sterne, die Sie vorher noch nie wahrgenommen ha-

**IDEE**

**Kinder für die Natur begeistern**

**So geht's**

Mit Kindern in die Natur gehen, sie beobachten und erklären, Experimente machen

**Das bringt's**

Kinder lernen zu schützen, was sie lieben – sie müssen die Natur kennen, wenn sie später für sie Verantwortung tragen werden

**Das sind die Nebeneffekte**

Selbst Freude an der Natur erfahren und sie besser kennenlernen

**Wie oft muss man es tun?**

So oft wie möglich

**Wie aufwendig ist es?**

Einfach

**Gutes-Gewissen-Faktor (7)**

🌲🌲🌲🌲🌲🌲🌲 (Effekt: 3; Häufigkeit: 3; Aufwand: 1)

ben, weil die Luft so verschmutzt ist und die Lichter der großen Städte zu hell strahlen – eine wunderbare Entdeckungstour! Wenn Ihre Kinder den Weltraum kennenlernen, welche Extreme es dort gibt, von leer bis zu superdichten Schwarzen Löchern, von eisekalt bis zu den Hochöfen im Sterneninneren, dann verstehen sie, wie lebensfeindlich der Weltraum ist. Und dann staunen sie noch mehr, dass es mittendrin einen kleinen blauen Planeten gibt, auf dem sich das Leben so fantastisch entwickelt hat und dabei seit Millionen von Jahren besteht. Der deutsche Astronaut Thomas Reiter hat einmal vorgeschlagen, den nächsten G8-Gipfel in der Raumstation ISS durchzuführen. Denn von dort oben erscheint vieles ziemlich klein und es wird einem bewusst, wie zerbrechlich das Raumschiff Erde eigentlich ist.

Klar, dass Sie irgendwann ein Baumhaus bauen sollten oder eine kleine Hütte. Auch ein Nistkasten für Vögel ist spannend, zumal die Kinder dann die Entwicklung der Tiere hautnah miterleben können und die Brüter beobachten.

Wenn Sie einen Garten haben, pflanzen Sie doch Gemüse an und sehen Sie mit Ihren Kindern beim Wachsen zu – die Kinder gießen, ernten und essen das Gemüse dann. Am besten starten Sie mit Bohnen (es sei denn, die Kinder mögen die nicht); Bohnen sind einfach und wachsen ziemlich schnell, Tomaten und Erdbeeren sind auch dankbar. Aber auch das ist steigerungsfähig – die absolute Königsdisziplin ist, einen Quadratmeter Weizen zu säen; später ernten, dreschen, mahlen – und am Ende backen Sie mit den Kindern ein Brot!

Die beiden eindrücklichsten Erinnerungen aus der Grundschulzeit, die einer der beiden Autoren hat, sind das gemeinsame Brotbacken und das Kochen einer Gemüsesuppe, bei der jeder irgendetwas mitgebracht hatte. Völlig ohne Absprache. Und die Suppe hat trotzdem – oder deshalb? – grandios geschmeckt.

Selbst wenn Sie Ferien auf dem Balkon oder in der Großstadt machen, dort gibt es Parks, in denen Sie viel beobachten können. Und auch die Expedition aus der Ferne kann Spaß machen, etwa wenn Sie auf dem Sofa sitzen und Bücher über die Natur gemeinsam lesen oder einen Naturfilm sehen und darüber mit Ihrem Kind sprechen.

All das geht ohne großen Aufwand und wird nicht nur den Kindern Spaß machen. Sondern auch Ihnen. Sie werden viel lernen. Und mal ehrlich: Wie oft haben Sie sich schon vorgenommen, mehr rauszukommen aus der eigenen Wohnung?

Und am Ende schaffen Sie es (und mit Ihnen viele andere), das Gespür für die Umwelt an die nächste Generation weiterzugeben. Irgendwann sterben die lila Kühe und gelben Enten aus. Die Kinder von heute werden irgendwann Verantwortung übernehmen und ihre Welt nach eigenen Vorstellungen gestalten. Und dann ist es wichtig, dass sie zu lieben gelernt haben, wovon sie abhängen.

## Kapitel 21
## Lokal und saisonal einkaufen

Die beiden Schwestern sind schon immer etwas verschieden gewesen. Rita, die ältere, ist seit jeher die Überlegte, die Politische, die Engagierte. Klar, dass sie bald stellvertretende Rektorin am örtlichen Gymnasium war. Und klar, dass sie ihren ganzen Unterricht auf ihre Version vom Leben ausrichtet. Ritas Fächer sind Politik, Deutsch und Evangelische Religion, und genau genommen unterrichtet Rita in jedem Fach dasselbe: Drogen, Sekten, Okkultismus, Neonazis, Sozialabbau, Eine Welt – das ist ihre Heilige Sechsfaltigkeit.

Mareike, die jüngere, ist einen anderen Weg gegangen. Nach der Mittleren Reife hat sie eine Ausbildung zur Physiotherapeutin gemacht und abgebrochen. Dann ist sie Bankkauffrau geworden und arbeitet seit knapp zwanzig Jahren in der örtlichen Filiale der Kreissparkasse. Obwohl sie sonst sehr verschieden sind, verstehen sie sich super und sind sich in vielem einig. Nur bei einem Thema sind sie sich uneins geblieben, über all die Jahre: Wie öko muss ich sein?

Rita hat die Ökologie bis zum Letzten durchdekliniert. Alle Produkte, die sie kauft, sind bio, und sie könnte die Ökosiegel herunterbeten wie die Wahlergebnisse der SPD seit Willy Brandt. Andere weist sie gern auf ihre ökologischen Sünden hin. Wenn Mareike sie zum Essen einlädt, kann Rita sich blöde Bemerkungen nicht verkneifen: dass das ja wohl kein Biofleisch sei, wie man nur H-Milch aus dem Tetrapak trinken könne und wo denn eigentlich die Äpfel herkämen. Mareike ist schon ziemlich entnervt: »Du weißt doch, dass ich immer die Äpfel aus dem Alten Land kaufe – ob bio oder nicht ist mir egal.«

»Dir ist nicht zu helfen, Schwesterlein«, sagt Rita, »kauf doch mal Bioäpfel!«

»Erstens sind die teuer, und zweitens – wo bekommst du die her?«

»Weiß ich nicht. Bio ist bio. Ich bin mir nicht ganz sicher, aber ich meine, die kommen aus Übersee«, sagte Rita.

»Übersee? Das ist nicht dein Ernst, große Schwester! Meinst du, das ist sinnvoller, Äpfel von Übersee hierher zu verschiffen, als die Äpfel von nebenan zu nehmen?«, schießt Mareike zurück.

»Komm, auch die Äpfel von nebenan können gespritzt sein. Das sind Bioäpfel nicht«, kontert Rita.

»Na toll, du denkst an dein ganz eigenes Wohlbefinden. Du denkst daran, ob du vielleicht irgendwelche Schadstoffe isst. Ich denke an die Umwelt. Daran, was passiert, wenn Obst um die halbe Welt gefahren wird. Das ist doch pervers!«

Sagen wir hier kurz stopp. Denn Mareike und Rita illustrieren einen ganz alltäglichen Konflikt, den viele Menschen haben. Was ist nun eigentlich besser – der konventionell angebaute Apfel, der nebenan wächst und gedeiht, oder aber der biologisch korrekte Apfel, der um die halbe Welt gebracht werden muss?

Das ist ein echter Gewissenskonflikt, aber einer mit riesigen Ausmaßen. Unser Bedürfnis, immer und überall frisches Obst zu essen, völlig egal, zu welcher Jahreszeit, belastet das Klima ganz erheblich. Unsere Weintrauben stammen in der Regel aus Italien, Spanien, Griechenland und Frankreich – das ist zwar auch nicht gerade um die Ecke –, aber sie werden von dort immerhin nicht eingeflogen. Wenn man hingegen ein Kilo Weintrauben aus Kalifornien nach Deutschland fliegt, braucht man vier Liter Flugbenzin. In Großbritannien wird dies schon heftig diskutiert. Die BBC hat das Konzept der »Food Miles« eingeführt, also der Nahrungskilometer, um zu verdeutlichen, wie viel Kilometer Lebensmittel von der Produktion bis zu unserem Teller zurückgelegt haben. Der ›Guardian‹ hat errechnet, dass ein durchschnittlicher Warenkorb eines Briten mit 26 verschiedenen Produkten im Durchschnitt, wohlgemerkt: im Durchschnitt, 5000 Meilen vom Hersteller zum Verbraucher zurückgelegt hat – das ist mehr als über den Nordatlantik. Denkt man an all die Dinge, die auch

**IDEE**
**Lokal und saisonal einkaufen**

**So geht's**
Anbausaison von Obst beachten, am besten regionales Bioobst kaufen, sonst konventionell erzeugtes aus der Region oder aber Bioobst aus der Ferne – aber nur, wenn es nicht geflogen wird; auch bei Fleisch und Gemüse darauf achten, wo es herkommt und unter welchen Bedingungen es hergestellt wurde

**Das bringt's**
Weniger Energieverbrauch und Umweltbelastungen durch Transporte

**Das sind die Nebeneffekte**
Förderung lokaler Wertschöpfungsketten; bewusster konsumieren

**Wie oft muss man es tun?**
So oft wie möglich

**Wie aufwendig ist es?**
Nicht ganz einfach – man muss sich etwas informieren

**Gutes-Gewissen-Faktor (9)**
♣♣♣♣♣♣♣♣♣ (Effekt: 3; Häufigkeit: 3; Aufwand: 3)

im eigenen Land hergestellt werden, wird der ganze Wahnsinn deutlich. Und dieser Wahnsinn ist eben besonders groß, wenn man an Bioäpfel denkt, die um die ganze Welt reisen. Da kauft man extra Äpfel aus Bioproduktion, um ein gutes Gewissen zu haben; die aber werden um die ganze Welt gekarrt – und das verhagelt dann die persönliche Ökobilanz ganz erheblich. Biopurismus bringt einen hier nicht weiter – sondern nur Umweltpragmatismus. Im Zweifel also lieber lokal und nichtbio als global und bio einkaufen?

Das kommt darauf an: An der Universität Gießen hat eine Arbeitsgruppe errechnet, dass die Ökobilanz von Lammfleisch aus

Neuseeland oft besser ist als bei heimischer Produktion. Das liegt daran, dass der Transport per Riesenfrachter selbst um die halbe Welt weniger Energie verbraucht und $CO_2$ ausstößt, als wenn man Schafställe im Winter beheizt – das muss man in Deutschland nämlich, in Neuseeland nicht. Grundsätzlich kann man sagen, dass Transporte auch über große Distanzen allein noch kein K.-o.-Kriterium in Sachen Umwelt sind. Das gilt allerdings nur, solange nichts geflogen wird. Am Beispiel der Blumen aus Lateinamerika haben wir dies bereits diskutiert (siehe Kapitel 12). Unter sonst gleichen Bedingungen sind lokale Produkte aber natürlich vorzuziehen. Das bietet neben der Energiebilanz auch noch andere Vorteile – ein Argument berührt die Sicherheit. Was mit dem EG-Öko-Label verkauft wird, muss zwar immer denselben Kriterien genügen – egal, wo es produziert wurde. Doch ist die Überwachung in Deutschland einfacher als irgendwo in Übersee: Bei lokalen Erzeugnissen kann man sich auch sogar selbst einen Eindruck von den Produktionsbedingungen verschaffen und beim Hof vor Ort vorbeischauen. Wer lokal kauft, sichert heimische Arbeitsplätze und bindet Kaufkraft an die Region. Vermieden werden so nicht nur Transporte von wehrlosem Obst um die ganze Welt, sondern auch lange Tiertransporte durch die halbe Republik. Lokaler Anbau bedeutet, dass die Produkte unter natürlichen Bedingungen vor Ort wachsen, also etwa Mareikes Äpfel aus dem Alten Land.

Allerdings hat der ökologische Vorteil lokaler Produkte auch seine Grenzen: Die BBC hat mal ausgerechnet, dass es besser ist, Tomaten aus Spanien nach England zu bringen, als in England selber welche anzubauen. Natürlich sind die Wege lang, aber anders als in der spanischen Sonne gedeihen Tomaten in England nur im Treibhaus; das braucht viel mehr Energie als der Transport auf die Insel.

Mit anderen Worten: Lokal ist nicht immer die ökologisch beste Variante – man sollte auf jeden Fall auch auf die Saison und die Herstellungsbedingungen achten. Spitzenköche kochen schon oft nach Jahreszeiten. Und, Hand aufs Herz, bei einem Erdbeerkuchen mit Sahne fehlt das Sommerfeeling, wenn man den Kuchen an Weihnachten isst statt auf dem Balkon bei dreißig Grad Hitze.

Eine Zahl mag vielleicht noch verdeutlichen, warum saisonal einkaufen so wichtig ist. Eine Untersuchung eines Bonner Obstforschers zeigt, dass das Energiesparen durch den Kauf lokaler Produkte schnell zunichte gemacht werden kann, wenn man diese in der falschen Jahreszeit kauft. Wer im Juni einen Apfel aus Neuseeland kauft, hat nur drei Zehntel mehr $CO_2$-Emissionen in seiner persönlichen Energiebilanz stehen als beim Kauf eines deutschen. Der Grund: Der deutsche Apfel lag monatelang im Kühlhaus; normalerweise ist die Apfelernte in Deutschland erst im Spätsommer.

Nochmals zusammengefasst: Den größten Gutes-Gewissen-Faktor hat lokales Bioobst in der Anbausaison. Die zweitbeste Lösung ist lokales Obst in der Saison – und zwar auch solches, das konventionell angebaut wurde. Erst die drittbeste Lösung ist internationales Bioobst, am Ende rangiert das konventionelle Obst aus der Ferne.

Völlig unbewusst hat Mareike also mehr für ihr gutes Gewissen getan als Rita. Obwohl die ihr gutes Gewissen ziemlich gewissenlos vor sich her trägt.

## Kapitel 22
## Tauschen statt kaufen

Wenn in Deutschland von Parallelwelten die Rede ist, dann meist mit alarmistischem Tremolo: Da geht es um Gegenkulturen, um abgeschottete Gemeinschaften, um misslungene Integration; am Gedankenhorizont vieler Menschen treffen sich Fundamentalisten mit Terroristen, und alles ist irgendwie verdächtig, irgendwie gefährlich, irgendwie Al Qaida.

Doch ganz heimlich, still und leise ist in Deutschland eine Parallelwelt entstanden, und kaum jemand hat es gemerkt. Das mag daran liegen, dass diese Welt nicht im Ruch steht, sinistre Dinge zu planen. Das mag auch daran liegen, dass diese Welt eine der ältesten Ideen der Menschheit aufgreift und ihr neues Leben eingehaucht hat. Die Rede ist vom Tauschen. Mehr und mehr Menschen haben sich bei einem Teil ihrer Welt vom herkömmlichen Wirtschaften verabschiedet. Sie zahlen nicht mehr mit Geld. Sie zahlen mit Zeit.

Tauschen ist längst eine gute Alternative zum Kaufen geworden. Und während früher meist gutmenschelnde Kapitalismusgegner getauscht haben, hat der Tauschtrend viele Leute erfasst, die bislang mit Kapitalismuskritik nichts am Hut hatten. Über 300 Tauschringe – Organisationen, die das Tauschen organisieren – gibt es in Deutschland. Und es werden noch mehr. Eine Parallelwirtschaft befindet sich im Aufschwung.

Eigentlich hat jeder schon einmal getauscht. Das ging im Kindergarten los, da tauschten Sina und Sirah Sticker miteinander, Tom und Tim Panini-Fußballbildchen und Chris und Christa die Männeken aus dem Überraschungsei. Später hat Friede dann Fred bei der Hausarbeit geholfen, und Fred hat Friede dafür auf ein Bier eingeladen oder auch zwei. Als Harald umgezogen ist, haben ihm Thomas und Manuel, Dorothee und Marianne ge-

**IDEE**
**Tauschen statt kaufen**

**So geht's**
Dienstleistungen auf lokaler Ebene austauschen

**Das bringt's**
Förderung lokaler Kreisläufe, weniger Transportaufkommen, längere Produktnutzungsdauer

**Das sind die Nebeneffekte**
Stärkung sozialer Netzwerke, sozialer Zusammenhalt

**Wie oft muss man es tun?**
So oft man möchte

**Wie aufwendig ist es?**
Nicht ganz einfach – man muss sich etwas informieren

**Gutes-Gewissen-Faktor (6)**
♣♣♣♣♣♣ (Effekt: 2; Häufigkeit: 2; Aufwand: 2)

holfen – und Harald wusste, dass er in den nächsten fünf Jahren nicht drumherumkäme, auch anderen beim Umzug zu helfen, nämlich Marianne und Dorothee und Manuel und Thomas.

All das ist Tauschhandel, und er ist uns deshalb so sympathisch, weil er ohne Geld funktioniert. Die Währung heißt Zeit, und eigentlich auch Sympathie. Nur wer jemanden mag, schenkt dem anderen Zeit. Nur wer jemanden gernhat, lässt sich darauf ein, ihm zu helfen und sich dafür wiederum helfen zu lassen.

Tauschringe haben diesen Deal institutionalisiert. Harald muss nicht mehr Thomas beim Umzug helfen, er kann auch Sandras Bewerbung schreiben, und Sandra hilft dann Thomas beim Umzug. Oder Sandra backt Paula eine Torte, Paula hütet einen Abend Christines Kinder, Christine hilft Mathias' Sohn bei den Hausaufgaben, und Mathias schleppt dann Thomasens Möbel.

Über das Internet vernetzen sich die Tauschwilligen; wer etwas tut, kriegt Punkte gutgeschrieben, die er später einlösen kann; »Kreuzer« nennen die sich etwa beim Kreuzberger Tauschring, der sich das Motto »Ohne Moos geht's los« gegeben hat, 20 Kreuzer pro Stunde Arbeit sind der Richtwert.

Zeit ist der Maßstab aller Dinge, nicht Geld. Diese Maxime ist auch das, was den Gutes-Gewissen-Faktor beim Tauschen statt kaufen hochtreibt. Eine Leistung ist nichts Anonymes mehr, für das man ein paar Scheine hinlegt oder seine Kreditkarte durchzieht. Wie viel sympathischer ist es, jemandem Nachhilfe zu geben und dafür zwei Umzugshelfer zu bekommen, als zwei Leuten einfach ein paar Scheine in die Hand zu drücken? Tauschringe leben von einer Balance zwischen Geben und Nehmen, beides ist gleichberechtigt. Es gibt keine Zinsen, denn Zeit kann man nicht verzinsen. Auch wer kein Geld hat, kann sich etwas leisten und sich mit Dienstleistungen – oder Waren – versorgen. Wer Zeit hat und irgendetwas kann, kann sein Leben verbessern und sich selbst vom Geld und von staatlichen Leistungen unabhängig machen, und, wie es der Kreuzberger Tauschring ausdrückt, »die von allen gewünschten humanen Umgangsformen miteinander in die Tat umsetzen«.

Klar, für einen gestressten Manager oder einen Politiker im Wahlkampf kommt Tauschen nicht infrage. Aber für jeden, der pro Woche ein paar Stunden Zeit zur Verfügung hat, können Tauschringe eine gute Parallelwirtschaft sein.

Tauschringe machen nicht nur unabhängiger vom Geld: Sie stoßen auch Nachbarschaftshilfen an; sie fördern Selbsthilfe und Selbstbestimmung; die Beteiligten gewinnen Selbstbewusstsein ob ihrer eigenen Fähigkeiten, entdecken ihre eigene Phantasie und Kreativität. Und jeder kann das machen, was er gut kann oder in dem er besser werden kann.

Eine Studie des Wuppertal-Instituts kommt zu dem Ergebnis, dass ein wichtiges ökologisches Potenzial von Tauschringen im Umdenken der Mitglieder liegt. Sie gewöhnen sich daran, in regionalen Kreisläufen zu denken. Sie lassen etwas reparieren, was sie sonst einfach wegwerfen würden, sie organisieren mit Tauschbörsen eine Art eBay vor Ort – ohne Gewinnabsicht, ohne Transportaufwand – und verlängern mit beidem die Nutzungsdauer von Produkten. Tauschringe sind eine Form nachhaltiger Regionalentwicklung. Deshalb werden sie zum Beispiel vom niederländischen Umweltministerium unterstützt, und einige deutsche Umwelt-NGOs haben sich an Gründungen von Tauschringen beteiligt.

Tauschen ist eine uralte Wirtschaftsform. Viele, die sich um ein gutes Gewissen bemühen, entdecken sie wieder. Eine Parallelwelt entsteht. Aber eine gute.

## Kapitel 23
## Nachhaltig reisen

Kurze Frage in einem ganz normalen deutschen Büro, mitten im Frühsommer: Wohin soll der nächste Urlaub gehen?

Kollegin C., 27 Jahre alt: »Ich würde unglaublich gern nach Laos!«

Kollege U., 38: »Ich hab einen Cluburlaub in Ägypten gebucht. Die optimale Mischung aus Strand und Kultur.«

Kollege D., 32: »Vier Wochen Namibia.«

Kollegin V., 53: »Im Juli besuche ich meine Tochter in Oslo, eine Woche, im August mache ich dann noch ein verlängertes Wochenende in Paris mit meinem Partner, im Oktober fliegen wir zu zweit nach New York, zum frühen Christmas-Shopping.«

Kollege E., 61: »Sylt, wie jedes Jahr.«

Kollegin P., 31: »Eine Woche Auvergne. Und dann werd ich noch ein, zwei Kurzurlaube einlegen, wenn es etwas kälter ist und die Hotels billiger sind.«

Kollegin A., 30: »Ich bleibe zu Hause. Ich bin gerade erst umgezogen und muss die neue Wohnung erst mal renovieren.«

Ein ganz normales Büro, ein ganz normaler Frühsommer, und man kann darauf wetten, dass Kollegin A. mitleidige Blicke abbekommen wird. Nicht nur, weil Wohnungstreichen eine lästige Angelegenheit ist, an der bloß Klecks-Fetischisten ihre Freude haben. Sondern auch, weil Urlaub für die meisten Deutschen einfach dazugehört. Ein Jahr mit Urlaub: gutes Jahr. Ein Jahr ohne Urlaub: mieses Jahr. Ein Jahr mit zwei, drei, vier, fünf Urlauben: super Jahr, mit steigendem Enthusiasmierungsgrad. 43,8 Millionen Auslandsurlaube haben die Deutschen 2006 gemacht, wobei zunehmend das Flugzeug als Verkehrsmittel benutzt wird. 2002 ist gerade einmal jeder 30. Deutsche in einen Billigflieger gestiegen, 2006 schon jeder achte. Zudem geht der Trend zum Zweit-

oder sogar Dritturlaub: 15,8 Millionen solcher Reisen wurden 2006 unternommen. Weiterhin ist festzustellen, dass die Kurz-Trips – Reisen bis zu vier Tagen – immens zugenommen haben. Zu den 48 Millionen Urlaubsreisen mit mehr als vier Tagen Länge kamen 2006 auch noch 46 Millionen mit einer Dauer von zwei bis vier Tagen – und die gingen, was Wunder!, vor allem in deutsche und europäische Städte.

Ökonomisch gesehen ist Tourismus eine großartige Sache: Urlauber geben pro Tag mehr Geld in einer Stadt aus als Dauereinwohner; wer nur einen kurzen Städtetrip macht, steigert das noch, Stichwort »Christmas-Shopping in New York«. Ökologisch gesehen ist diese Form des Urlaubmachens problematisch.

Je schneller sich die Welt dreht, desto schneller fliegen wir ihr auch hinterher. Manche Großeltern sind zum Ausspannen immer nur in ein Ferienheim gefahren, das eine Stunde entfernt lag, und waren trotzdem glücklich. Sie kannten eben nicht weite Teile Südamerikas, dafür aber die berühmte Kirche in der Kleinstadt, die bloß 70 Kilometer entfernt liegt.

But the times, they are a-changing: Viele werden es sich heute nicht nehmen lassen wollen, mal nach New York zu fliegen, auch wenn ein Transatlantikflug das Klima erheblich belastet. Aber man könnte trotzdem überlegen, wie sich ein Urlaub etwas nachhaltiger gestalten ließe. Eine gute Regel ist: Lieber ein Ziel weniger und dafür eine Woche länger. Viele von uns können sich ohnehin erst nach ein paar Tagen wirklich erholen. Nach dem Motto: die ersten Tage zum Ankommen und Abschalten, dann eine Woche Ausspannen, dann noch ein paar Tage, um sich wieder auf die Arbeit einzustellen.

Also: Statt vier Kurztrips lieber einen richtig langen. Wenn es zwischendurch mal ein Tapetenwechsel sein soll, ist es vielleicht viel stressfreier, wenn man sich die Touristenattraktionen in der Region anschaut (oft schafft man das ja sonst nur, wenn man Besuch hat). Oder vielleicht einmal eine Städtereise mit der Bahn? Oder bleiben Sie einfach mal ein paar Tage zu Hause und entschleunigen Sie Ihr Leben (siehe auch Kapitel 30).

Wenn Sie eine Reise planen, überlegen Sie vielleicht mal, ob ein bestimmtes Reiseziel wirklich das bringt, was Sie sich versprechen. Oft ist es wichtiger, mit wem man in den Urlaub fährt als wohin. Sicher, auf Sonne hat man in Deutschland keine Garantie. Aber man kann auch in Spanien eine Woche Regen haben. Und Deutschland ist unglaublich schön und vielfältig. Ob Alpen, Mittelgebirge, Seenplatten oder Küste – für jeden ist etwas dabei, und vieles kann sich durchaus sehen lassen: Der Strand auf dem Darß etwa braucht keinen internationalen Vergleich zu scheuen.

Egal, wohin Sie fahren, Sie können Aufenthalte selbst nachhaltiger gestalten. Überlegen Sie: Gibt es vielleicht ein Hotel mit ökologischer Hotelführung? Große Reiseanbieter haben mittlerweile entsprechende Offerten. Es kann zwar sein, dass diese Angebote noch nicht nach ökologischer Weltformel aussehen, aber allein die Tatsache, dass ein Hotel in Griechenland eine eigene Kläranlage hat, anstatt die Abwässer ins Mittelmeer zu spülen, bei der hauseigenen Wäscherei auf Umweltverträglichkeit achtet und ein Recyclingprogramm für Abfall hat – das ist bereits ein wichtiger erster Schritt und meist mehr, als viele andere Hotels in der Gegend bieten. Wenn Sie gezielt danach fragen, wird sich nach und nach auch bei den Reiseveranstaltern herumsprechen, dass Touristen auch ökologisch gesehen kritische Konsumenten sind.

Und fragen Sie: Nutzt ein Urlaubsziel der Wirtschaft vor Ort, die meist ja schlechter gestellt ist als die unsere? Achten Sie auch hier auf lokale Waren und bestehen Sie nicht unbedingt darauf, Ihr importiertes deutsches Bier zu trinken. Souvenirs sollten lokalen Urspungs sein. Auch Ihr Umweltverhalten hat hier großen Einfluss: wie sorgsam Sie Wasser nutzen, ob Sie mit Bussen und Bahnen fahren und so fort.

Der WWF hat gemeinsam mit der Verbraucherinitiative und dem Verkehrsclub Deutschland Empfehlungen herausgegeben, mit welchem Verkehrsmittel man am besten an welchen Ort reist: Unter 700 Kilometern Entfernung solle man mit dem Zug

**IDEE**
**Nachhaltig reisen**

**So geht's**
Lieber seltener, dafür länger verreisen; Flugreisen einschränken; auf ökologischen Tourismus achten; Kurztrips in die Umgebung

**Das bringt's**
Weniger Flugverkehr, weniger Energieverbrauch und Umweltbelastungen; Förderung des heimischen Tourismus

**Das sind die Nebeneffekte**
Mehr Zeit zum Entspannen; bessere Kenntnis heimischer Attraktionen

**Wie oft muss man es tun?**
Immer dann, wenn man Urlaub hat …

**Wie aufwendig ist es?**
Kostet bisweilen etwas Überwindung und Kreativität

**Gutes-Gewissen-Faktor (6)**
🌲🌲🌲🌲🌲🌲 (Effekt: 3; Häufigkeit: 1; Aufwand: 2)

fahren. Ab 700 Kilometern mindestens acht Tage bleiben, wenn man irgendwo in 2000 Kilometern Entfernung hinfliegt, sollten es laut dieser Richtschnur mindestens 15 Tage sein.

Vielleicht fragen Sie vor der nächsten Reisesaison auch mal Ihre Kollegen, wo die alle hinfahren. Und vielleicht klären Sie sie ein wenig auf. Darüber, dass ein gutes Gewissen und ein guter Urlaub durchaus zusammengehen können.

## Kapitel 24
## Gutes tun am Arbeitsplatz

Haben Sie sich schon mal gefragt, mit welchem Menschen Sie am meisten bewusste Zeit verbringen in Ihrem Leben? Mit Ihrem Mann, mit Ihrer Frau, mit Ihrer Freundin, mit Ihrem Freund? Weit gefehlt. Wahrscheinlich ist es keiner von denen. Wahrscheinlich ist es der Kollege aus dem Büro nebenan, die Kollegin, die mit Ihnen den großen Schreibtisch teilt, die Sekretärin Ihrer Abteilung, Ihre Chefin, wer auch immer. Zumindest jemand, mit dem Sie beruflich zu tun haben.

Gut, vielleicht sind Sie mit dem Kollegen aus dem Büro nebenan liiert oder Sie haben gerade Ihre Chefin geheiratet. Oder Sie arbeiten zu Hause und haben gar kein Büro, in das Sie gehen. Doch bei den meisten Menschen ist das anders. Glauben Sie nicht? Dann rechnen Sie mal nach, wie viele Stunden Sie arbeiten. Wie viele Überstunden Sie machen. Wie oft Sie mit Kollegen noch einen trinken gehen nach der Arbeit. Und dann rechnen Sie gegen: Wie oft Ihr Partner, Ihre Partnerin und Sie gleichzeitig zu Hause sind. Wie oft Sie bewusst miteinander leben. Wie oft Sie an den Wochenenden nichts mit dem Partner unternehmen, sondern mit Ihren Kumpels und Freundinnen ausgehen. Haben wir recht? Okay. Meistens zumindest.

Warum wir Sie das rechnen lassen? Um deutlich zu machen, wie wichtig der Arbeitsort für uns ist – und wie wichtig Nachhaltigkeit dort. Manchmal ist es schon erstaunlich, wie viel Mühe man sich zu Hause gibt. Und wie wenig an seinem Arbeitsplatz. Zu Hause hängt man Bilder auf, im Büro nicht. Zu Hause stellt man Blumen hin, im Büro nicht. Und zu Hause wechselt man normale Glühbirnen durch Energiesparbirnen aus, im Büro nicht.

Das ist ein bisschen die Tragik einer abhängigen Beschäftigung. Weil ein nachhaltiges Verhalten sich nicht unmittelbar auf den eigenen Geldbeutel auswirkt, sondern nur die Kasse der Firma schont, tun Menschen im Büro viel weniger als zu Hause. Dabei gibt es im Büro riesige Potenziale, die Umwelt und ihre Ressourcen zu schützen.

Der relative Energieverbrauch ist im Bürobereich deutlich höher als zu Hause. Kein Wunder, wenn man bedenkt, dass zum Beispiel Computer vielfach über Nacht laufen, teilweise ist noch nicht einmal der Bildschirm abgeschaltet. Dass der Rechner so lange braucht, bis er am Morgen hochgefahren ist, ist nur eine Ausrede; in den zwei bis fünf Minuten, die das dauert, kann man sich seinen Kaffee holen oder die Post sortieren. Oder es brennt in Teeküchen oder Fluren Tag und Nacht das Licht, obwohl schon lange niemand mehr da ist, Heizkörper bollern die ganze Nacht.

Übers Strom- und Papiersparen haben wir in Kapitel 13 ja bereits berichtet. Setzen Sie dies um! Zwar ist das papierlose Büro Illusion, aber das papiersparsame Büro kann verwirklicht werden. Das stromlose Büro wird es niemals geben, das stromsparsame hingegen schon; bei der Dresdner Bank in Berlin hat das funktioniert: Die Mitarbeiter haben den Stromverbrauch um sieben Prozent gesenkt, das Unternehmen spart dadurch 26 000 Euro im Jahr.

Was Sie darüber hinaus tun können? Grundsätzlich gibt es zwei Ansatzpunkte: auf der einen Seite Ihr eigenes individuelles Verhalten und das Ihrer Kollegen und Mitarbeiter, auf der anderen Seite Veränderungen, für die Sie Ihre Firma brauchen.

Was Ihr eigenes Verhalten angeht, können Sie gute Ideen sammeln, die Sie von zu Hause mitbringen. Warum regen Sie nicht einmal an, in Ihrer Abteilung oder Firma eine Umweltminute einzuführen. In manchen Unternehmen gibt es so etwas schon. Wie das geht? Zum Beispiel, indem man bei der wöchentlichen Teambesprechung unter dem Punkt »Sonstiges« darüber nachdenkt, wie man sich im Büro umweltbewusster verhalten kann. Anders als noch vor ein paar Jahren sind viele Betriebe dafür sehr sensibel – natürlich auch, weil sich damit Kosten senken lassen. Verschiedene Studien belegen, dass alleine durch ein geändertes Verhalten zehn bis fünfzehn Prozent der Energie in Büros eingespart werden könnten.

Das fängt, wie schon gesagt, damit an, dass man die Rechner, das Licht, Ventilatoren und so weiter nicht unnötig laufen lässt, wenn man längere Zeit nicht da ist. Übrigens: Rechner und Bildschirme strahlen sehr viel Wärme ab. Wenn es im Sommer also zu heiß in Ihrem Büro ist, sollten Sie allein deshalb schon deren unnötigen Betrieb vermeiden! Im Winter hingegen sollten Sie, sofern das möglich ist, die Heizung nicht zu sehr aufdrehen. In manchen Büros laufen die Heizungen auf Hochtouren, und zur Abkühlung wird dann das Fenster aufgemacht – das ist nicht nur Energieverschwendung und rausgeschmissenes Geld für den Arbeitgeber, es schafft auch sehr trockene Luft und ein ungesundes Raumklima; ehrlich: Sie bekommen dadurch leichter eine Erkältung. Selbstverständlich sollte auch sein, dass Sie den Hausmeister oder das Gebäudemanagement informieren, wenn ein Wasserhahn oder eine Klospülung defekt ist.

Gebäudemanagement ist ein gutes Stichwort zum zweiten großen Ansatzpunkt: Wie kann man erreichen, dass der Arbeitgeber Maßnahmen für mehr Umweltschutz einleitet? Kontaktieren Sie die zuständigen Personen oder Abteilungen, die für die Beschaffung zuständig sind, für das Gebäudemanagement, für die Kommunikation. Versetzen Sie sich in die Lage Ihres Gegenübers und argumentieren Sie aus seiner Logik: Für Gebäudemanagement, den Hausmeister und die Beschaffung ist es wichtig, Kosten zu sparen. Die Deutsche Energie-Agentur hat ausgerechnet, dass ein Arbeitgeber pro Arbeitsplatz bis zu 75 Prozent der Stromkosten einsparen kann, wenn er die Büros mit energieeffizienten Geräten ausstattet. Für die Kommunikations- oder PR-Abteilung ist das Image der Firma sehr wichtig. Immer mehr Verbraucher wollen wissen, ob sich Unternehmen verantwortlich verhalten, ob sie Umwelt- und Sozialstandards einhalten. Wenn man Kosteneinsparungen mit der Verbesserung des Firmenimages verbinden kann, haben alle Seiten gewonnen.

**IDEE**
**Gutes tun am Arbeitsplatz**

**So geht's**
Umweltbewusstsein im Betrieb fördern – durch individuelles Verhalten und durch Anregungen gegenüber dem Arbeitgeber

**Das bringt's**
Weniger Energie- und Papierverbrauch, weniger Emissionen

**Das sind die Nebeneffekte**
Geringere Kosten für den Arbeitgeber, besseres Firmenimage, bessere Mitarbeitermotivation

**Wie oft muss man es tun?**
Regelmäßig

**Wie aufwendig ist es?**
Einfach

**Gutes-Gewissen-Faktor (6)**
🌲🌲🌲🌲🌲🌲 (Effekt: 2; Häufigkeit: 3; Aufwand: 1)

Regen Sie doch einmal an, dass man bei den Büromaterialien recyclingfähige Geräte anschafft und beim Papiereinkauf Recyclingpapier bestellt. Es gibt heute sehr hochwertige Recyclingpapiere, die in der Qualität durchaus mit Frischfaserpapieren mithalten können und drucker- und kopierfreundlich sind. In vielen Betrieben und Abteilungen gibt es mehrere Drucker – vielleicht kann man sich zumindest für den internen Gebrauch auf Recyclingpapier einigen. An Drucker 1 drucken Sie künftig Protokolle, Hausmitteilungen, Papiere, die niemals nach außen gelangen. An Drucker 2 alles, was Sie nach außen versenden.

Oder reden Sie mal mit Ihrem Chef über die obligatorischen Weihnachtskarten – das ist eine Geste, und als solche auch wichtig. Aber viele Leute kriegen so viele Weihnachtskarten ins Büro, einfach weil es zum guten Ton gehört und ein solcher Gruß ja irgendwie nützlich sein könnte, dass sie sie gar nicht beantworten. Wenn es eine Geste ist, reicht es eigentlich doch aus, die Karten online zu versenden, oder? Natürlich individualisiert. Das spart jede Menge Kosten für Porto und Karten – und man kann mit umweltfreundlichen Grüßen gleich noch das Firmenimage polieren helfen.

Und wie wäre es, wenn Sie im Intranet Ihrer Firma ein Angebot für Fahrgemeinschaften einrichteten? Sie werden erstaunt sein, wie viele Kollegen sich melden und wie nett es sein kann, wenn Sie morgens nicht nur schlechten Dudelfunk hören müssen, sondern sich über Gott und die Welt oder die jüngsten Umstrukturierungen in Ihrer Firma unterhalten können. Der Verlag der Wochenzeitung ›Die Zeit‹ hatte kürzlich auch eine tolle Idee – er hat drei Dienstfahrräder angeschafft; viele Mitarbeiter nutzen die nun für Dienstreisen innerhalb Hamburgs. Anstatt zu laufen oder sich in volle Busse zu quetschen oder gar bei Stop-and-go mit dem eigenen Wagen durch die Innenstadt zu fahren, können sie sich Fahrräder ausleihen. Höchst nachahmenswert.

Viele dieser guten Ideen gehen verloren, wenn man sie nicht sammelt. Ideensammeln geht besonders gut, wenn Sie das institutionalisieren. Eine Umweltminute kann deshalb ein guter Anfang sein. Sie werden überrascht sein, wie viele Potenziale Sie sehen, wenn viele Kollegen ihre Ideen zusammentragen. Schließlich verbringen Sie so viel Zeit im Büro wie sonst an kaum einem anderen Ort.

## Kapitel 25
## Leben mit leichtem Gepäck

Kennen Sie das gute Gefühl, wenn Sie den Keller aufgeräumt haben und plötzlich ein alter Schrank, kistenweise Zeitschriften und vielleicht zwei alte Gießkannen draußen an der Straße stehen, damit der Sperrmüll sie abholt? Wie gut es tut, dass Sie sich von dem alten Gerümpel befreit haben?

Jeder kennt das. Denn bei jedem Umzug nimmt man sich wieder vor, noch viel mehr auszumisten, und kann sich dann doch von vielen Dingen nicht trennen. Ein paar Jahre später stellt man fest, dass man die Ordner, Andenken und ungelesenen Bücher von genau derselben Stelle aus in den Umzugskarton packt, an die man sie beim Einzug geräumt hatte – ohne sie aber in der Zwischenzeit jemals in die Hand genommen zu haben.

So eine Erfahrung kann man nicht nur mit dem Gerümpel im Keller machen. Auch sonst im Leben kann es einem so gehen: Entrümpeln schafft Freiheit! Dabei geben wir uns unbewusst oft der folgenden Illusion hin: Viel Geld bedeute die Möglichkeit, viel zu kaufen und zu besitzen, und das wiederum sei Freiheit. Aber wenn man viel besitzt, merkt man, dass Besitz auch eine Last sein kann. Je teurer Ihr Auto war, desto mehr müssen Sie darauf achten, dass ja kein Kratzer auf dem Lack zu sehen ist. Je mehr Sie in Ihre Stereoanlage investiert haben, umso mehr nervt es Sie, wenn der Nachbar die Frechheit besitzt, seinen Staubsauger einzuschalten, wenn Sie gerade Edvard Griegs ›Morgenstimmung‹ hören. Und je mehr Sie für Ihre Urlaubsreise bezahlt haben, desto unzufriedener sind Sie, wenn auch nur winzige Details nicht Ihren Wünschen entsprechen. Sie kennen das – solcher Beispiele gibt es viele.

Dabei kann man die wichtigen Dinge im Leben ohnehin nicht kaufen. Sie werden einem geschenkt – wen auch immer Sie als

Geber einsetzen möchten: Gott, ein höheres Wesen, die Natur, die Eltern, den Partner oder die Partnerin, die Gesellschaft, das Schicksal. Was wir damit meinen? Gesundheit zum Beispiel. Klar, man kann einiges tun, sich gesund zu halten – oder auch umgekehrt, die Gesundheit zu ruinieren. Aber dass man gehen, sehen, schmecken und hören kann und noch viel, viel mehr, das hat man sich nicht verdient – und das kann man sich auch nicht kaufen. Oder: wirkliche Freunde, gute Beziehungen. Auch die kann man sich nicht erarbeiten, nicht kaufen. Wer einmal ganz ehrlich zu sich selbst ist, fragt sich vielleicht sogar, wie es kommt, dass es Menschen gibt, die einen ziemlich gut kennen – und trotzdem mögen. Wir können uns darüber jedenfalls noch wundern.

Spätestens jetzt fragen Sie sich wohl: Was hat das in diesem Buch verloren? Es geht doch sonst immer um die Umwelt, um gerechte Verhältnisse, um Nachhaltigkeit. Darum geht es auch jetzt – bloß von einer anderen Seite beleuchtet. Früher oder später müssen wir wohl alle einsehen: Auf einem begrenzten Planeten kann es kein unbegrenztes Wachstum geben – jedenfalls nicht in materieller Hinsicht. Diese Erkenntnis ist nicht zuletzt durch die »Grenzen des Wachstums« des Club of Rome ins allgemeine Bewusstsein gedrungen. Es kann nicht immer so weitergehen, dass wir mehr und mehr Energie und Ressourcen verbrauchen – das werden wir spätestens dann einsehen, wenn alle Chinesen und Inder so viel Auto fahren wie wir (und wer wollte ihnen das verübeln?).

Ja, werden Sie jetzt sagen: Mit Technik bekommen wir das schon hin. Wir müssten die Technik einfach noch effizienter entwickeln. Da haben Sie völlig recht: Ohne mehr Effizienz wird es nicht gehen. Guckt man sich aber an, wer heute im selben Satz davon spricht, die Effizienz zu steigern und Umweltprobleme zu lösen, könnte man fast meinen, dass Effizienz die Antwort auf alle Umweltfragen sei. Doch weit gefehlt.

Das liegt an dem sogenannten Bumerang-Effekt. Was das ist? Wie wir in Kapitel 13 schon angesprochen hatten, dachten manche Leute vor zehn, fünfzehn Jahren, wir würden bald das »papierlose Büro« bekommen. Tatsache ist aber, dass der Papierverbrauch zwischen 1990 und 2005 dramatisch zugenommen hat, paradoxerweise also genau in der Zeit, in der Computer zu einem Massenphänomen wurden. Wie das kommt? Durch unser verändertes Verhalten. Früher hat man dreimal überlegt, bevor man einen Brief schrieb, hat vorformuliert, in eine Kladde geschrieben und dann einmal sauber getippt oder eine Matrize beschrieben – falls Sie diese süßlich stinkenden, violett abgezogenen Papiere noch aus der Schule kennen. Heute druckt man etwas aus, um gleich danach festzustellen, dass noch ein Fehler drin ist. Dann druckt man noch mal aus. Dann ändert man die Schriftart. Und druckt wieder. Früher gingen Studenten in Bibliotheken, um zu lesen – und haben stundenlang exzerpiert. Heute meinen sie, es reicht, wenn man den akademischen Dreisatz beherrscht: kopieren, abheften, wegstellen.

Es gibt viele Beispiele, wo wir Effizienz-Verbesserungen dadurch wieder zunichte gemacht oder sogar überkompensiert haben, dass wir im selben Zug unser Verhalten geändert haben: Es nützt nicht viel, wenn die Motoren unserer Autos immer effizienter werden, wir die Autos aber immer schwerer machen, zum Beispiel, indem wir das Interieur von Luxuswagen mit Naturstein ausstatten, für jeden Schnickschnack einen Elektromotor einbauen, Klimaanlagen serienmäßig bekommen und so weiter. Es nützt auch nichts, wenn unser Kühlschrank relativ gesehen nur noch halb so viel verbraucht, aber dafür dreimal so groß ist wie früher – oder wir gleich einen zweiten Kühlschrank im Keller haben. Und es nützt auch nichts, wenn Mobilität immer effizienter wird, wir aber x-mal so viel unterwegs sind. Früher wäre es undenkbar gewesen, in Hamburg zu wohnen und in Hannover zu arbeiten oder in Mannheim zu wohnen und in Frankfurt zu arbeiten – fährt man heute diese Strecke zur Rushhour, weiß man, dass sich das geändert hat. Dank gut ausgebauter ICE-Trassen ist das kein Problem mehr. Jeden Morgen sehen sich im ICE zwischen Hamburg und Berlin und dem Pendant zwischen Berlin und Hamburg immer wieder dieselben Pendler – Menschen, die jeden Tag die anderthalb Stunden hin und die anderthalb Stunden zurückfahren, die der ICE zwischen den beiden größten deutschen Städten nur noch braucht. Aber ist Bahnfahren nicht umweltfreundlich? Doch, das ist es – aber nur im Vergleich mit anderen Verkehrsträgern. Auch Bahnfahren hat seinen ökologischen Preis. So verbrauchen Züge im Nahverkehr pro Person umgerechnet etwa 4 Liter pro 100 Kilometer, bei ICEs ist der Verbrauch etwas günstiger. Wenn man also überlegt, dass man vor 30 Jahren 10 Kilometer mit dem Auto zur Arbeit gefahren ist und dabei 15 Liter pro 100 Kilometer verbraucht hat (also 1,5 Liter für diese Strecke), heute dagegen 75 Kilometer mit der Bahn fährt (was einem Verbrauch von 3 Litern Sprit entspräche), dann verbraucht man absolut gesehen immer noch doppelt so viel wie früher – trotz größerer Effizienz.

Was passiert, wenn man das fortdenkt? Wenn sich über Effizienz alleine der Umgang mit knappen Ressourcen (wozu man auch eine saubere Umwelt zählen kann) nicht regelt, wird dies über den Preis geschehen. Je knapper etwas ist, desto teurer wird es – wenn es viele haben wollen. Das heißt, früher oder später wird der Liter Diesel fünf Euro kosten, werden viele Konsumartikel teurer werden und wird man für jegliche Umweltbelastung – auch die Autofahrt zum Brötchenholen – zur Kasse gebeten werden.

Effizienz ist wichtig – ohne sie werden wir die globalen Herausforderungen nicht meistern und nicht zukunftsfähig werden können. Aber Effizienz alleine wird nicht genügen, solange wir nicht unser Verhalten ändern. Das scheint heute ein Tabu zu sein. Dabei kann jeder von uns sich schon jetzt darauf einstellen, mit weniger auszukommen. Vor allem bei Dingen, die uns im Grunde genommen anstrengen. Natürlich gibt es Pendler zwischen Hamburg und Berlin, die den langen Weg auf sich nehmen, weil ihre Familie in Hamburg wohnt, ihr Job aber in Berlin ist und ein Umzug absolut nicht in Frage kommt. Aber es gibt viele, die würden sich glücklicher machen, wenn sie einmal umzögen, anstatt jeden Tag den weiten Weg auf sich zu nehmen.

**IDEE**
**Leben mit leichtem Gepäck**

**So geht's**
Reduzieren Sie den Verbrauch von umweltbelastenden Konsumgütern, investieren Sie stattdessen in nichtkäufliche, lebenswichtige Dinge

**Das bringt's**
Reduzierter Ressourcenverbrauch, mehr Umweltverträglichkeit

**Das sind die Nebeneffekte**
Mehr innere Freiheit und Unabhängigkeit, mehr Lebensfreude

**Wie oft muss man es tun?**
Regelmäßig

**Wie aufwendig ist es?**
Es kostet etwas Überwindung

**Gutes-Gewissen-Faktor (8)**
♣♣♣♣♣♣♣♣ (Effekt: 3; Häufigkeit: 3; Aufwand: 2)

Je mehr wir uns von außen die Maßstäbe vorgeben lassen, wie ein glückliches Leben zu sein hat, desto mehr werden wir fremdbestimmt und kurzatmig den neuesten Moden hinterherhecheln. Die antiken Stoiker haben eine ganze Philosophie daraus gemacht, Selbstgenügsamkeit einzuüben. Wer es gelernt hat, mit wenig auszukommen, wird auch mit vielem umzugehen wissen und kann manchen Engpass besser meistern. Wer genügsamer wird und nicht ständig dem vermeintlich Dringlichen hinterherläuft, ist besser auf die wirklich wichtigen Dinge vorbereitet. Das heißt natürlich nicht, dass man sich mit der Knute in der Hand und zusammengebissenen Zähnen jeden Konsum verwehrt. Keineswegs. Zumal Konsum ja auch heißen kann, Dienstleistungen in Anspruch zu nehmen oder umweltverträglich zu konsumieren. Aber man kann es auch als Chance begreifen, dass ein verändertes Umweltverhalten nötig ist, indem man sich mehr den wichtigen Dingen im Leben zuwendet und dabei seinen ökologischen Fußabdruck verkleinert. Machen Sie mit!

## Das »Gesetz der großen Zahlen« oder: Warum viele viel helfen

Peter und Lisa haben ihr Leben umgekrempelt, alle beide, doch jeder für sich: Peter hat im Fernsehen gesehen, wie dramatisch sich das Klima wandelt – und beschließt, etwas für die Umwelt zu tun. Er fängt ganz simpel an: Er trennt Müll. Bislang schmiss er seine ganzen Abfälle in denselben schwarzen Container. Jetzt sortiert er fein säuberlich aus. Lisa hat gehört, dass der Restmüll in der Müllverbrennungsanlage gar nicht mehr richtig brennt, schuld soll die Mülltrennung sein. Fortan hört sie auf mit Mülltrennung – und kippt alles in dieselbe Tonne, in bester Absicht, so wie Peter früher.

Einer fängt an, eine hört auf. Im Ergebnis ändert sich nichts.

Oder: Anja hört, dass Biofleisch gesund ist – und kauft nur noch Bio. Ben hingegen kauft überhaupt kein Bio mehr – seit ihm jemand erzählt hat, dass der Biobauer bei ihm um die Ecke in den Ställen Schmu macht. Christa isst bei Freunden einmal Biofleisch; das schmeckt ihr so gut, dass sie ihre Einkäufe komplett umstellt. Claudia schließlich hört, dass viele Bioprodukte gar nicht aus Europa stammen – und kauft sie nicht mehr, weil sie weiß, dass lange Transporte umweltschädlich sind.

Zwei stellen sich um, zwei stellen's ab. Im Ergebnis ändert sich nichts.

Und vielleicht treffen sich irgendwann Peter und Anja oder Lisa und Ben oder Christa und Claudia oder alle zusammen – und reden über ihr Umweltverhalten. Dann ist das Wirrsal komplett – im festen Glauben, etwas Gutes zu tun, tut jeder etwas, aber etwas anderes, sogar Gegenteiliges. Voneinander unabhängige Ereignisse heben sich gegenseitig auf, wenn sie in verschiedene Richtungen gehen.

Mathematiker sprechen vom »Gesetz der großen Zahlen«. Das kennen Sie bestimmt aus den Mathestunden in der Schule: Wenn man sechs Mal würfelt, passiert es schon mal, dass man nie eine 6 würfelt, aber drei Mal eine 3. Wenn man 600-mal den Würfel schmeißt, sind vielleicht 106-mal fünf Augen zu sehen und nur 98-mal zwei, aber die Ergebnisse sind schon wesentlich ähnlicher. Wenn Sie sechs Millionen Mal würfeln (notorische

Skeptiker, bitte nicht nachmachen, sondern uns einfach glauben; Sie holen sich sonst einen Würfelarm!), bekommen Sie jede Augenzahl ziemlich genau eine Million Mal. Es stellt sich einfach ein Mittelwert ein. Es gibt keinen Ausschlag in eine bestimmte Richtung!

Sie können sich das auch so vorstellen, als würden Sie mit sieben, acht Leuten an einem Netz ziehen – einer zieht nach links, einer nach rechts, einer schräg nach hinten, ein anderer nach vorn – und so weiter. Das Netz bewegt sich nicht vom Fleck.

Wenn nun also viele Leute in verschiedene Richtungen laufen, passiert nichts – auch wenn sich alle in der Grundhaltung einig sind, etwas für die Umwelt tun wollen und diese Welt ein klein bisschen lebenswerter machen.

Wichtig ist aber, dass viele dasselbe machen. Dann ändert sich was, auch wenn man im Einzelnen gar nicht sagen kann, wie groß der jeweilige Beitrag ist.

Vielleicht kennen Sie das Plakat, das viele Ökobewegte früher an ihren Zimmerwänden pappen hatten: »Wenn viele kleine Menschen an vielen kleinen Orten viele kleine Dinge tun, können sie das Gesicht der Welt verändern.« Genau das ist richtig – aber nur, wenn sie in die gleiche Richtung gehen. Es bringt nichts, wenn ein Normalo plötzlich sein Leben als Bioradikalinski führt, während ein anderer zur gleichen Zeit zum Umweltverächter wird. Wenn aber beide ein bisschen in die richtige Richtung gehen – dann ist schon was gewonnen! Der Einzelne ist wichtig.

Ganz klar: Wenn jeder Mensch ein bisschen was macht, ist das erst ›Welt retten für Einsteiger‹. Wenn man die Welt dauerhaft retten will, braucht man mehr: Die Bedingungen müssen sich ändern. Doch wie kann das gehen? Bedingungen ändern sich, wenn Stimmungen umschlagen. Konsumenten haben Macht, Wähler ganz genauso. Biomilch steht nicht als Geste gutmenschelnden Willens im Kühlregal, sondern weil viele Leute sie gekauft haben und es einen Markt für sie gibt. Politiker überbieten sich nicht gegenseitig mit neuen Klimaschutzideen, weil ihnen das ein himmlischer Spin doctor eingeflüstert hat, sondern weil viele Wähler das wollen. Und wenn viele Menschen etwas wollen, wollen es noch viel mehr. Soziologen nennen das nach einem Bibelwort »Matthäus-Effekt« – wer hat, dem wird gegeben. Wenn Sie jeden Monat nur einen Menschen von einer Idee hier im Buch überzeugen könnten und jeder von denen wieder einen pro Monat überzeugt – dann würden nach zwei Jahren alle Menschen auf diesem Planeten nach mindestens einer dieser Ideen leben.

Je mehr Menschen von etwas wissen, je mehr Menschen in dieselbe Richtung gehen, desto wahrscheinlicher ist es, dass irgendwann eine große Bewegung entsteht. Die Bürgerrechtsbewegung in den USA wurde genau auf diese Weise geboren. Europas Arbeiter formierten sich so, genauso die Feministinnen, die Ökos und auch die »Atomkraft, nein danke«-Bewegung. Mitmischen geht ganz einfach: Am Anfang steht immer, sich selbst zu informieren. Dann kann man Alternativen vorleben und Trendsetter sein, auch wenn die Mehrzahl der Menschen es noch anders macht, man kann Themen in die Öffentlichkeit einbringen, sei es im Bekanntenkreis oder in der Zeitung. Man kann seine Herzensanliegen bei seiner Wahlentscheidung berücksichtigen, man kann sich aber auch in einer Organisation zusammenschließen und Lobbyarbeit betreiben. Es ist einfach, etwas zu tun – selbst wenn man nur wenig Zeit hat und nicht sein ganzes Leben von den Füßen auf den Kopf stellen will.

Dass das wirklich so leicht ist, zeigt sich übrigens darin, dass der Massenanhang der Engagierten ziemlich groß ist (und nicht in drei Telefonzellen Platz findet, wie hin und wieder Lästermäuler kolportieren). Mehr als ein Drittel der Deutschen engagiert sich mit mindestens einer freiwilligen Tätigkeit bei Vereinen oder Einrichtungen – und bei jedem Zweiten von ihnen ist das zumindest teilweise politisch motiviert. Sogar ein Drittel aller Jugendlichen ist oft in der Freizeit für gesellschaftliche Zwecke aktiv, heißt es in der Shell-Jugendstudie. Leute, die sich engagieren, haben übrigens auch mehr Freunde als Couch-Potatos.

Also: Fangen Sie an! Viele helfen viel!

## Kapitel 26
## Nutzen statt besitzen

Der Mann muss wirklich Frust gehabt haben: »Da hilft kein Flehen, da hilft auch kein Gewimmer, irgendein Depp bohrt irgendwo immer«, sang Reinhard Mey Mitte der neunziger Jahre und klebte im selben Lied jedem Löcherexperten in Deutschland ein anderes Etikett auf: »ein Dünnbrettbohrer, ein Baumarktverkäufer, ein Elektroantriebtäter, kurz: ein Amokläufer«.

Meys verbalen Amoklauf werden wohl viele verstehen; kaum etwas nervt mehr, als wenn der Nachbar am Samstagmorgen um halb neun die Bosch anlegt oder abends um halb neun ein romantisches Dinner mit seinem sehr speziellen Beat unterlegt. Sicher jedoch ist das fast jedem schon einmal passiert, und wahrscheinlich gehören auch Sie zu den Reinhard Mey'schen Amokläufern: Neun von zehn Haushalten haben in Deutschland eine Bohrmaschine – und Schätzungen gehen davon aus, dass jede Bohrmaschine pro Jahr durchschnittlich hundert Löcher bohrt. Das ist viel, doch dürfte diese Zahl bei vielen Haushalten deutlich niedriger liegen – stellen Sie sich mal eine Dreizimmerwohnung vor, in der jemand fünf Jahre lebt und statistisch gesehen die Wand fünfhundert Mal durchlöchert. So viele Regale kann jemand gar nicht aufstellen, es sei denn, er würde jedes Jahr die komplette Wohnungseinrichtung auswechseln.

Kaum einer benutzt seine Bohrmaschine häufig: Wenn Sie jeden Monat fünf Minuten dauerbohren (das ist sehr lang, fragen Sie mal Ihren Nachbarn!), dann kommen Sie im Jahr gerade mal auf eine Stunde. Wer eine Bohrmaschine dreißig Jahre lang benutzt, kommt auf eine Nutzungsdauer von 30 Stunden im Leben des Bohrers. Nehmen wir an, Sie zahlen für eine hochwertige Maschine 250 Euro. Jede Stunde Bohren kostet Sie also acht Euro – da amortisiert sich sogar eine hypermoderne Bügelstation oder ein roboterartiger Staubsauger schneller. Eine Bohrmaschine ist meist totes Kapitel: Sie wird immer älter, unmoderner, nimmt Platz weg und bringt wenig Nutzen. Reinhard Mey würde vielleicht noch sagen, dass die Bohrmaschine einen einreiht in die Dünnbrettbohrereinheitsfront, aber das ist ein anderes Thema.

Warum wir Ihnen das erzählen?

Weil man gerade am Beispiel der Bohrmaschine sieht, wie überflüssig es ist, alles selbst zu besitzen. Sie brauchen vieles schlichtweg zu selten. Warum schließen Sie sich nicht mit einem Nachbarn zusammen und schaffen bestimmte Geräte gemeinsam an: einen Rasenmäher oder eine Schneefräse, eine Heckenschere oder Kreissäge, einen Hochdruckreiniger oder einen Vertikutierer, was immer es auch alles gibt. Selbst der Nachbar mit dem englischen Rasen vertikutiert den vielleicht zweimal im Jahr – und in der restlichen Zeit gammelt die Maschine im Keller oder in der Garage vor sich hin. Warum stimmen Sie sich nicht mit Ihrem Nachbarn ab und fragen, wer etwas gemeinsam anschafft? Wenn Sie nicht gerade neben einem Studenten wohnen, der nach einem Jahr wieder auszieht, könnte das ein für alle gewinnbringendes Modell sein.

In Neubaugebieten, in denen viele Menschen zum ersten Mal ein eigenes Haus haben (und daher noch kaum Gartengeräte), geht das besonders gut. Einen wichtigen Nebeneffekt hat die ganze Sache außerdem: Wenn man Dinge gemeinschaftlich nutzt, kann man sich Qualität leisten und hochwertige Geräte kaufen, die lang leben und gut nachgerüstet oder repariert werden können. Gerade bei Werkzeug erweisen sich manche Schnäppchen als Flop – weil sie nichts taugen, schnell kaputtgehen und die Arbeit mit ihnen keinen Spaß macht. Warum nicht mit anderen investieren und dann gleich etwas Richtiges kaufen? Wenn sich so etwas zur Massenbewegung ausweitet, denken auch die Hersteller irgendwann um.

Doofe Idee, finden Sie? Nee. Denken Sie doch mal an einen Kopierer! Jeder will kopieren, doch keiner will ein solches Maschinenmonster bei sich zu Hause herumstehen haben. Dabei bräuchten Sie einen Kopierer wahrscheinlich öfter als eine Schneefräse oder einen Vertikutierer. (Eigentlich bräuchten Sie sogar kein Auto, denn auch das steht statistisch gesehen 97 Prozent der Zeit nur auf dem Parkplatz rum, weshalb Car-Sharing-Konzepte so sinnvoll sind; aber das ist ein ganz anderes Thema – und für viele hört dabei auch der Spaß auf.)

Doofe Nachbarn, fürchten Sie? Gut, das mag sein. Wenn Sie sich mit Ihren Nachbarn im permanenten Jägerzaunkrieg befinden und Sie niemanden finden, der mit Ihnen teilen mag, dann können Sie viele Geräte auch in Baumärkten ausleihen – wenn das immer mehr Leute machen, entsteht bald ein neues Servicesegment in Deutschland: »Bohrmaschine on demand«. Oder Sie treten in einen Tauschring ein: Jemand in Ihrer Nachbarschaft investiert eine Stunde fürs Bohren bei Ihnen, Sie investieren dafür einen Stunde fürs Nachhilfegeben, fürs Wäschebügeln oder fürs Korrekturlesen des letzten Aufsatzes.

Doch warum erzählen wir Ihnen das in ›Welt retten für Einsteiger‹? Das Buch dreht sich ja nicht darum, wie man mehr Zwangskontakt zu seinen Nachbarn bekommt oder möglichst viel Geld und Garagenstauraum spart. In der Tat gibt es nicht nur einen finanziellen Aspekt, sondern auch einen ökologischen. Einen fürs gute Gewissen.

Haben Sie sich schon einmal gefragt, warum Bohrmaschinen eigentlich so schwer sind? Weil darin sehr viele wertvolle Stoffe stecken, die aufwendig herzustellen sind und die besonders viel wiegen. Etwa das Kupfer, das man für die Drähte im Elektromotor verwendet. Wissenschaftler des Wuppertal-Instituts haben errechnet, dass man für ein Kilogramm Kupfer etwa 500 Kilogramm Material bewegen muss – vom Bergbau über den Transport des Rohstoffs bis zur Verarbeitung und Verwendung. »Ökologischen Rucksack« hat das der Chemiker und Umweltwissenschaftler Friedrich Schmidt-Bleek vom Wuppertal-Institut genannt und hat dazu das sogenannte MIPS-Konzept erfunden: Material-Input-pro-Serviceeinheit. Das Konzept

**IDEE**
**Nutzen statt besitzen**

**So geht's**
Elektrogeräte nicht alleine anschaffen, sondern mit anderen zusammen – oder im Baumarkt leihen

**Das bringt's**
Sie verkleinern Ihren persönlichen ökologischen Rucksack, sparen Kosten und Rohstoffe, vermeiden Müll

**Das sind die Nebeneffekte**
Es wird billiger, sich Qualität zu leisten, und Sie sparen Platz im Keller

**Wie oft muss man es tun?**
Wenn Sie es nicht nur auf Bohren beziehen, gar nicht so selten

**Wie aufwendig ist es?**
Einfach

**Gutes-Gewissen-Faktor (6)**
♣♣♣♣♣♣ (Effekt: 3; Häufigkeit: 2; Aufwand: 1)

zeigt auf, wie viel Material man bewegen muss – von der Ressourcenbeschaffung über den Transport, die Logistik, die Verpackungen, den Gebrauch bis zur Entsorgung –, um eine bestimmte Tätigkeit, etwa Bohren mit der Bohrmaschine, auszuüben. Damit korrespondiert, wie »materialintensiv« ein Produkt ist: Wie viel Material muss man bewegen, um ein Kilo des fertigen Stoffes in einem Produkt zu verwenden?

Das Konzept berücksichtigt zwar nicht, wie giftig die Stoffe sind, ist jedoch ein ziemlich guter Anhaltspunkt dafür, wie stark bestimmte Dinge auf die Umwelt wirken. Je mehr man Stoffe in der Natur bewegen muss, desto heftiger ist der Einfluss, wobei der Material-Input den gesamten Ressourcen- und Energieaufwand umfasst. Je größer der ökologische Rucksack, desto schädlicher für die Umwelt. Während man für ein Kilo Kupfer, wie gesagt, 500 Kilo Natur bewegen muss, sind es für ein Kilo Stahl nur sieben, für ein Kilo Kunststoff fünf bis acht Kilo. Gold und Platin haben einen Faktor von 350 000! Ein Katalysator in einem Auto trägt einen ökologischen Rucksack von 2000 Kilo mit sich herum, weil in ihm auch Platin verarbeitet ist.

Winziger Exkurs: Es gibt übrigens auch so etwas wie ökologisches Kapital; wenn Sie zum Beispiel eine Solaranlage an Ihr Hausdach montieren, können Sie zum einen fragen, wann Sie mit den Einnahmen die Ausgaben wieder wettgemacht haben. Zum anderen, und aus ökologischer Sicht ist das wichtiger, können Sie sich fragen, wann sich eine solche Anlage energetisch rechnet. Heißt: Wann hat sie dieselbe Menge Energie wieder hereingespielt, die für die Herstellung benötigt wurde? Danach entsteht ökologisches Kapital. Das ist bei heutigen Anlagen bereits nach spätestens drei Jahren der Fall, bei bestimmten Arten von Solarzellen noch deutlich schneller – wenn Solarzellen also 20 bis 30 Jahre leben, wächst spätestens vom vierten Jahr an das ökologische Kapital.

Doch zurück zu Bohrmaschinen & Co: Es bleibt nicht aus, dass Sie auch mal zum Dünnbrettbohrer und Elektroantriebtäter werden. Doch bei vielen Elektrogeräten für Haus und Garten lohnt sich der Besitz nicht – weder finanziell noch ökologisch. Teilen oder Leihen ist besser. Für den Geldbeutel und fürs gute Gewissen.

## Kapitel 27
## Bei Batterien beachten

Sie sind überall: in Weckern und Fernbedienungen, in Handys und Kassettenrecordern, in Lampen und Akkuschraubern, in Uhren und Diktiergeräten: Batterien. Mittlerweile gibt es sogar Pfeffermühlen, die nicht mehr einladend knirschen, sondern leise surren. Auf Knopfdruck raspeln sie Pfefferkörner; Bequemlichkeit obsiegt über archaische Romantik, Deutschland über Süditalien.

Der Umgang mit Batterien ist heute inflationär. Viele Dinge, für die es früher mechanische Lösungen gab, funktionieren längst elektrisch. Wer heute von batterielosen Uhren hört, denkt an Opas Taschenuhr aus den fünfziger Jahren oder an die dicken Chronometer aus Glashütte oder der Schweiz. Viele Dinge kommen ohne Batterien oder Akkus gar nicht aus: von Handys über Laptops bis zu Turnschuhen, die 200 000 Schritte lang blinken sollen, oder der Grußkarte, die beim Aufklappen »Zum Geburtstag viel Glück« dudelt.

In Deutschland werden jedes Jahr weit über eine Milliarde Batterien für Geräte verkauft, statistisch kauft damit jeder Bundesbürger, vom Baby bis zum Greis, mehr als zwölf Batterien jährlich. In denen stecken insgesamt etwa 4700 Tonnen Zink, 1500 Tonnen Nickel, 700 Tonnen Cadmium, sieben Tonnen Silber und drei Tonnen Quecksilber. Drei Tonnen Quecksilber klingt erst mal nicht viel; doch wenn man bedenkt, dass die deutsche Trinkwasserverordnung nur 0,001 Milligramm Quecksilber pro Liter Trinkwasser erlaubt, ist das gewaltig: Drei Tonnen sind drei Milliarden Milligramm! Mit dieser Menge Quecksilber, die jährlich in deutschen Batterien landet, könnte man fast das gesamte Trinkwasser verseuchen, das die Deutschen pro Jahr verbrauchen – knapp 130 Liter pro Person und Tag mal 365 Tage mal 82

Millionen Bürger ergibt knapp vier Milliarden Kubikmeter – drei Viertel davon wären laut Trinkwasserverordnung ungenießbar, wenn man in ihnen das in unseren Batterien enthaltene Quecksilber lösen würde.

Nun mögen Sie denken: Was soll der Alarmismus übers verseuchte Wasser? Die Batterien landen doch nicht im Wasser! Wirklich nicht? Sind Sie da so sicher? Noch nicht einmal jede zweite Batterie wird recycelt. Beim großen Rest weiß man nicht so genau, was mit ihm geschieht – ein großer Teil endet im Hausmüll, etwa 40 Prozent der verkauften Batterien landen da; dort gehören sie absolut nicht hin. Ein anderer Teil lagert im Haushalt, ein weiterer landet direkt in der Umwelt.

Bei den kleinen Knopfzellen ist die Rückgabequote noch schlechter. Nur etwa jede zehnte Knopfzelle wird wieder zurückgegeben. Hinter dieser Zahl verbirgt sich eine starke Belastung: Knopfzellen enthalten besonders viel Quecksilber – bis zu 25 Prozent. Eine einzige Knopfzelle reicht aus, um 800 000 Liter Wasser stärker zu belasten, als es die Trinkwasserverordnung erlaubt. Nur damit das klar wird: 800 000 Liter, das entspricht der Menge an Wasser eines 25-Meter-Schwimmbeckens; eine einzige Geburtstagslieddudelkarte, die man mal eben so weggeworfen hat, reicht also aus, um ein Schwimmbad voll allerbesten Wassers zu verseuchen.

Batterien sind kleine chemische Reaktoren – sie wandeln Chemie in Elektrizität um. Aber die Chemie bleibt auch nach Gebrauch in den Batterien enthalten.

Quecksilber ist zwar besonders giftig, doch die anderen Schwermetalle in den Batterien sind auch nicht viel besser. Cadmium etwa gehört zu den giftigsten Schwermetallen. Cadmium und seine Verbindungen erzeugen Krebs – ein Grund dafür, dass Rauchen als krebserregend gilt.

Insbesondere, weil Cadmium und Nickel sich in Wasser recht gut lösen, gelangen Schwermetalle leicht in den Wasserkreislauf und damit in die Nahrungskette von Fischen – und früher oder später auch in die von uns Menschen.

Würde das gesamte Cadmium, das innerhalb eines Jahres in unseren Batterien landet (also 700 Tonnen), direkt im Trinkwasser gelöst, könnte man damit den gesamten Trinkwasserbedarf Deutschlands auf 40 Jahre hin verseuchen (der Grenzwert von 0,005 Milligramm pro Liter würde überschritten).

Es ist daher extrem wichtig, Batterien und Akkus umweltgerecht zu entsorgen. Zudem müssen die wertvollen Metalle zurückgewonnen werden, vor allem Nickel, Blei, Cadmium, Quecksilber und Silber. Denn die Vorräte wichtiger Metalle sind keineswegs unerschöpflich. Die Quecksilbervorräte reichen noch, legt man heutige Vorkommen und Preise zugrunde, etwa 35 Jahre. Mehr zur Kreislaufwirtschaft, zum großen Zusammenhang bei diesem Thema, steht auf Seite 88. Schließlich ist auch die Energiebilanz von Batterien verheerend: Um eine Batterie herzustellen, braucht man zwischen 40- und 500-Mal mehr Energie, als sie später bei der Nutzung abgibt; Batterien sind damit die teuerste Energieform überhaupt (Akkus verbessern diese Bilanz übrigens deutlich; sie müssen zwar etwas aufwendiger hergestellt werden, können aber hunderte Male wieder aufgeladen werden). Verstehen Sie jetzt, warum es eine Straftat ist, eine Autobatterie einfach so irgendwo stehenzulassen? Das ist in Paragraf 326 StGB geregelt, und nicht ohne Grund.

Also: Werfen Sie Batterien niemals in den Hausmüll oder gar in die Toilette. Alle Geschäfte, die Batterien verkaufen, müssen Batterien zurücknehmen – ohne dass Sie was dafür zahlen müssen. Auch Wertstoffhöfe haben Sammelstellen.

Richtig entsorgen ist zwar gut, für ein wirklich gutes Gewissen sollten Sie aber versuchen, Batterien weitgehend zu vermeiden. Bei vielen Dingen ist das unmöglich, klar. Aber überlegen Sie mal, ob Sie nicht genauso lebenswert leben, wenn Sie auf manche Sachen verzichten: auf Ramsch etwa. Sehr viele Batterien werden in kleinem Spielzeug, in Grußkarten und so weiter verwendet. Die kann man als vermeintlich originelles Mitbringsel auf Bahnhöfen, Flughäfen oder in Touri-Abzocken kaufen – doch lösen die Dinger beim Beschenkten meist nur ein müdes

Lächeln aus (siehe auch Kapitel 28). Viele Minigeschenke halten nicht einmal der ersten richtigen Anwendung stand; einer der Autoren bekam mal einen batteriebetriebenen Tischventilator geschenkt. Der nervte durch sein Surren, machte aber überhaupt keinen Wind. Oft sind diese Artikel spottbillig (weil sie in Fernost produziert werden), oft ist aber auch das wenige Geld, das man für sie ausgibt, noch viel zu viel.

Bei Dingen, die Sie wirklich brauchen, gibt es häufig Modelle, die auch ohne Batterien funktionieren. Denken Sie an die batteriebetriebene Pfeffermühle. Können Sie sich ein Abendessen bei Kerzenschein vorstellen, bei dem Sie auf ein Knöpfchen drücken, und nach einem leisen Surren fallen zerriebene Pfefferkörner auf die Pasta? Da können Sie auch gleich die Kerzen durch eine bunt blinkende Lichterkette ersetzen; das ist genauso stimmungsvoll. Ein Pfefferstreuer mit mechanischem Prinzip hat nicht nur einen höheren Gutes-Gewissen-Faktor, sondern auch eine höhere Date-Erfolgsquote. Oder denken Sie an Solarzellen, die umweltfreundlicher sind als Batterien. Es gibt mittlerweile eine Reihe von Geräten, die vor allem oder ausschließlich durch Fotovoltaik funktionieren; Taschenrechner etwa, die jeder Mittelstufenschüler kaufen soll, sind sehr oft Solarrechner – und rechnen kann man damit genauso gut wie mit einem Batterieteil.

Bei vielen Geräten können Sie die gespeicherte Energie durch Energie aus dem Stromnetz ersetzen. Wenn Sie Ihre Regale nicht prinzipiell in der letzten Ecke des Gartens aufbauen, muss es kein »Akkuschrauber« sein. Strom aus der Steckdose ist immer noch billiger als Strom aus der Batterie.

Wenn Sie Batterien benötigen, nehmen Sie wiederaufladbare. Die können Sie bis zu mehreren hundert Mal wiederaufladen. Sie brauchen dazu aber ein richtiges Ladegerät, eins mit Überladeschutz. Und am besten kaufen Sie Nickel-Metallhydrid-Akkus (NiMH) oder Lithium-Ionen-Akkus. Es gibt auch Nickel-Cadmium-Akkus, doch Cadmium ist, wie gesagt, sehr umweltschädigend. Außerdem haben Ni-Cd-Akkus einen Memory-

**IDEE**
**Batterien vermeiden und richtig entsorgen**

**So geht's**
Möglichst wenig Batterien benutzen, am besten wiederaufladbare; unbedingt richtig entsorgen

**Das bringt's**
Hält Umwelt und Gewässer sauber, spart Ressourcen

**Das sind die Nebeneffekte**
Vermeidet überflüssigen Ramsch

**Wie oft muss man es tun?**
Regelmäßig

**Wie aufwendig ist es?**
Einfach

**Gutes-Gewissen-Faktor (7)**
♣♣♣♣♣♣♣ (Effekt: 3; Häufigkeit: 3; Aufwand: 1)

Effekt; das heißt, der Akku merkt sich, wie stark er beim letzten Mal aufgeladen wurde, und das führt oft dazu, dass man den Akku schon nach wenigen Aufladezyklen nicht mehr verwenden kann, wenn man sich einmal verladen hat. Da die meisten Akku-Werkzeuge noch mit Nickel-Cadmium-Akkus betrieben werden, sollte man hier besonders prüfen, ob man dieses Gerät wirklich drahtlos braucht. Übrigens entladen sich Akkus schneller als nichtaufladbare Batterien, und man sollte Akkus nicht komplett leerlutschen (»Tiefentladung«), sondern dann aufladen, wenn noch ein bisschen Saft drauf ist. Am besten, man lädt den Akku alle 15 bis 20 Ladezyklen einmal komplett auf, um ihn dann wieder weitgehend zu entladen – aber eben nicht komplett. Dann hält er am längsten.

Es gibt zudem einige Batterien, die ein Umweltzeichen tragen, etwa den Blauen Engel. Der prangt auf aufladbaren Alkali-Mangan-Batterien, weil sie wenige Schadstoffe haben. Aber richtig *gut* für die Umwelt sind die natürlich auch nicht.

Alle Akkus und alle Umweltsiegel können nicht darüber hinwegtäuschen, dass es besser ist, gar keine Batterie zu nutzen als eine umweltfreundliche. Solarzellen vor! Und Handmühlen auch!

## Kapitel 28
## Schöner schenken

Christoph, seit heute 43, streicht mit der Hand über sein Gesicht und beißt sich dann auf den Zeigefinger. Er fühlt sich nicht wohl. Sicher, er ist ein bisschen angeschickert, wie man das an Geburtstagen mal so ist, ein paar Sekt zur Begrüßung, dann ein gutes Glas Wein zum Essen und am Ende noch einen Gin Tonic als Absacker, einen ganz leichten Gin Tonic, wie er sagte, ein Siebtel Gin, sechs Siebtel Tonic. Jetzt sind die Gäste weg. Christoph blickt auf den alten Küchentisch, auf den er die ganzen Geschenke gestellt hat.

Der Tisch ist voll. Voll mit Dingen, die Christophs Gäste mitgebracht haben. Ganz unten liegen ein paar Bücher, große Bildbände aus dem Modernen Antiquariat, darauf ein batteriebetriebener Tischventilator. 13 Würfelkerzen, die zusammen den Schriftzug »Happy Birthday« bilden, stehen neben einem Gartenzwerg mit blankem Gemächt; an dessen Hals hängt eine Schlaufe mit einer Karte: »Damit du in deinem Alter endlich mal häuslich wirst! Christine!« Haha, denkt Christoph; der Gag kann ihm noch nicht mal ein Grinsen entlocken. Neben dem Zwerg stehen zwei Kerzenhalter in Engelsform: »So kitschig, die kann ich noch nicht mal zur Tombola auf der Weihnachtsfeier mitnehmen.« Dass sein alter Kumpel Richard sein Geschenk, den plätschernden Zimmerbrunnen, der irgendeinen vermeintlich aphrodisierenden Duft absondern soll, gleich angestellt hatte, nervt Christoph besonders. Das permanente Plätschern macht ihn nervös. Die Afro-Perücke, die bedruckten Boxershorts der Berliner Verkehrsgesellschaft mit dem Schriftzug der U-Bahn-Haltestelle »Krumme Lanke«, eine deutsche Flagge fürs Auto, dann der CD-Sampler »Die schönsten Arien aus großen Opernerfolgen« – was sollte er bloß damit?

Dabei war der Abend wirklich nett gewesen. Es war schön, die alten Freunde wiederzusehen, sie alle beieinander zu haben. Die Gespräche waren gut und lustig, und wahrscheinlich war das Beisammensein das beste Geschenk.

Eigentlich sind Geschenke toll. Nicht immer sind sie so extrem wie bei Christoph. Doch selbst wenn man Freunde mit mehr Geschmack hat: Es ist nichts schwerer, als jemandem etwas zu schenken, der schon alles hat. Jemandem etwas mitzubringen, das persönlich ist und das Gegenüber freut. Das geht kaum, denn man muss sich viel Zeit nehmen. Faktisch ist Schenken so selbstverständlich geworden, so institutionalisiert, dass man permanent unter Erfolgsdruck steht – und die ganz persönliche Note darunter leidet.

Die Liebste muss natürlich zum Geburtstag was bekommen, zu Weihnachten, zum Hochzeitstag, zum Valentinstag, vielleicht auch zum Namenstag. Neffen und Nichten, Onkel und Tanten, Freunde und Kollegen erwarten zu Weihnachten ein originelles Geschenk, denn natürlich schenken sie auch alle etwas. Und die Ansprüche steigen. Kennen Sie Dudley Dursley – Harry Potters superverwöhnten Cousin? Der Haussegen hängt schief, er schimpft seine Eltern aus, wenn es statt der 27 Geburtstagsgeschenke wie im Vorjahr diesmal nur 26 sind. Und so schrauben wir die Geschenkerwartungen in ungeahnte Höhen.

Oft findet man bei der verzweifelten Suche nach einem Geschenk aus Zeitnot nichts wirklich Passendes. Dann sucht man was aus, das der Beschenkte eigentlich gar nicht braucht und das dann kaum benutzt herumliegt – oder das das Geburtstagskind am liebsten gleich in die Mülltonne treten würde; viele Scherzgeschenke fallen darunter.

Längst haben in China produzierende Billighersteller ihre Chance erkannt und überschwemmen mit jeder Menge Krempel unsere Märkte, mit Nippes, Ramsch, Zeugs, Krimskrams, Kitsch, Plunder, Flitter – wie auch immer man es nennt. Meist braucht man es nicht, oder man braucht es vielleicht einmal, nicht öfter, denn es taugt nichts. Viele Billigartikel erfüllen nicht ihre Funktion oder gehen schnell kaputt. Dann werden sie aussortiert und erzeugen Müll. Und immer dann, wenn es nicht nur aus Plastik ist, sondern etwa Elektrik oder Elektronik dabei ist, ist die Entsorgung aufwendig.

Und natürlich verursacht auch die Herstellung Kosten für Mensch und Natur. In China zum Beispiel, wo die meisten dieser Billigwaren herkommen, gibt es ganze Städte, die praktisch ausschließlich Nippes produzieren und den ganzen Weltmarkt beliefern. Die Billigarbeiter dort bekommen nur wenige Euro am Tag, arbeiten ohne gesundheitlichen Schutz. Und es gibt gewaltige Umweltprobleme. Die Kosten der Umweltbelastung betragen zwischen acht und zwölf Prozent des Bruttoinlandsprodukts. Um eine ähnliche Größenordnung wächst auch die chinesische Wirtschaft jedes Jahr. Mit anderen Worten: Das Wirtschaftswachstum Chinas geht, sagen Kritiker, praktisch vollständig zulasten der Umwelt.

Natürlich heißt das nicht, dass man nichts mehr kaufen soll, was »Made in China« ist. Abgesehen davon, dass das schlicht unmöglich wäre, darf man nicht vergessen, dass der Handel mit Billiglohnländern einen wichtigen Beitrag zu unserem Wohlstand liefert und wir immens davon profitieren. Viele Produkte würden leicht ein Vielfaches kosten, wenn sie komplett in Deutschland hergestellt würden, Haushaltsgeräte, Textilien, Autos. Aber man muss nicht unbedingt jeden Ramsch kaufen – sei es für sich selbst oder für andere. Die Devise lautet nicht »Geiz ist geil«. Sondern »Ramsch ist uncool«.

Billigartikel zu kaufen, ist neben den ganz praktischen Aspekten und dem Blick auf die Umwelt auch aus einem anderen Grund nicht ratsam: Es fördert einen unglaublich kurzfristigen Konsumismus. Einen Konsumismus, der ständig neu befriedigt werden muss. Niemand braucht einen Tischventilator, der nach zwei Einsätzen das Fächeln aufgibt, niemand eine Kappe, auf der »43 Jahre und noch richtig heiß« steht und auf der man zwei Bierbüchsen deponieren kann. Die Industrie, die solche Produkte herstellt, muss die Bedürfnisse, die sie bedienen will, immer erst erzeugen. Bedürfnisse, die in aller Regel kaum wirkliche Bedürfnisse sind. In einer Marktwirtschaft ist das das gute Recht jedes Unternehmens. Wer einen Markt dafür findet, wer das Zeugs verkaufen kann – herzlichen Glückwunsch! Doch wir Konsumenten müssen das nicht mitmachen. Egal, wie billig Produkte sind, und egal, wie gering ihr Umweltschaden sein mag – wenn man sie einfach nicht braucht, sind sie überflüssig.

Man sollte sich also gerade auch beim Schenken überlegen, wofür man sich entscheidet. Wenn einem nichts Passendes einfällt – warum nicht einmal etwas Immaterielles schenken: einen Tanzkurs, eine Massage, den Besuch von Sauna, Schwimmbad, Ausstellung, Theater oder Museum? Eine Einladung zum Essen?

Und warum nicht mal kreativ sein und das Interessante mit dem Nützlichen verbinden: im Herbst Marmelade einkochen und verschenken (geht auch noch gut zu Weihnachten), eine CD zusammenstellen mit Fotos gemeinsamer Erlebnisse. Einen gemeinsamen Ausflug, ein Weinkennerseminar – oder einfach einen gemütlichen Abend zu zweit oder in netter Runde? Oft drückt sich in Geschenken aus, wie es um uns selbst bestellt ist. Bisweilen verwechseln Menschen Geschenke mit Entsorgung, und eine etwas andere Form der Kreislaufwirtschaft entsteht: Man bekommt Nippes geschenkt, ärgert sich drüber und verschenkt den Schrott dann weiter. Der Nächste verschenkt ihn auch weiter, und der Übernächste gleichfalls.

Es stimmt nicht, dass es beim Schenken nur um die Geste geht. Um die geht es auch. Doch den Inhalt darf man nicht vergessen. Sonst wird die Geste schnell zur schalen Pflichtübung.

Wenn man etwas kaufen möchte, warum dann nicht etwas, wovon man wirklich überzeugt ist? Wenn das mehr kostet, dann lieber seltener, aber dafür aufrichtiger und ehrlicher schenken. Vielleicht ein Buch, das einem besonders gut gefallen hat. Womöglich lohnt es sich, sich von bestimmten guten Geschenken einen kleinen Vorrat anzulegen, dass man immer, wenn's eilig ist, etwas zur Hand hat, das auf jeden Fall den eigenen Qualitätsstandards standhält.

**IDEE**
**Schöner schenken**

**So geht's**
Keinen Ramsch kaufen und verschenken, auf Qualität achten, lieber mal was Immaterielles schenken

**Das bringt's**
Spart Rohstoffe und vermeidet Müll

**Das sind die Nebeneffekte**
Kein Ärger über nutzlosen Trödel aufseiten des Beschenkten

**Wie oft muss man es tun?**
Gelegentlich

**Wie aufwendig ist es?**
Einfach

**Gutes-Gewissen-Faktor (5)**
♣♣♣♣♣ (Effekt: 2, Häufigkeit: 2; Aufwand: 1)

Wenn Sie auch mit Ihrem Geschenk etwas Gutes tun wollen (obwohl Sie es hier nicht übertreiben sollten), können Sie überlegen, ob Sie einen Quadratmeter Regenwald, eine Tonne $CO_2$-Emissionsrecht (kann jeder bei der Emissionshandelsstelle kaufen) oder Unicef-Geschenkartikel verschenken wollen, einen Geschenkkorb mit Delikatessen vom nächsten Biobauern. Aber: Missionieren sollten Sie mit Geschenken nicht. Zum Überzeugen sind Argumente da, nicht Präsente.

Viele Geschenke gehen an Kinder: Achten Sie genau darauf, ob die Kinder damit schon etwas anfangen können und ob es eine Chance hat, die ersten Spielversuche zu überleben. Oft stellt man fest, dass ein an sich hochwertiges Spielzeug in ein paar Stunden komplett kaputtgespielt wird, weil der Zwerg es einfach noch nicht richtig bedienen kann. Und oft sind für Kinder gemeinsame Aktionen, Entdeckungstouren, spannende Experimente oder Naturbeobachtungen eine gute Alternative zum 89. Spielzeugauto oder dem 20. Kuscheltier.

Zum Schluss: Vielleicht müssen wir manchmal auch einfach mal den Mut aufbringen, gar nichts zu schenken. Lieber ehrlich sein – und dafür beim nächsten Mal unerwartet etwas mitbringen. Mehr Aufrichtigkeit kann hier befreiend sein. Warum nicht einmal alles zurück auf Null setzen und vereinbaren, dass man sich Weihnachten nichts schenkt? Dann hat man an Weihnachten – und vor allem davor – auf einmal viel mehr Zeit. Und man hat vielleicht später im Jahr einmal die Gelegenheit, jemanden mit einem kleinen Geschenk wirklich zu überraschen und damit den eigentlichen Sinn des Schenkens zu erfüllen: eine Freude zu machen.

## Kapitel 29
## Autos vernünftig kaufen

Arnold Schwarzenegger will offensichtlich als Kämpfer gegen das Schlechte in die Geschichtsbücher eingehen, aber nicht als Terminator. Denn verglichen mit seiner jüngsten Mission sind seine bisherigen Aufträge banal. Schwarzenegger hat sich vorgenommen, nun auch außerhalb des Films die Welt zu retten. Schwarzenegger spielt seine größte Rolle: Erst wurde er vom Terminator zum Gouvernator als Regierungschef von Kalifornien – jetzt veranstaltet er eine riesige Reality-Show und wird Ökonator.

Kalifornien ist schon seit Jahrzehnten bei Autobauern dafür berüchtigt, besonders strenge Auflagen für Abgaswerte zu haben. Im Herbst 2006 verklagte Schwarzenegger dann sechs große Automobilkonzerne; deren Wagen trügen zum Treibhauseffekt bei. Auf den Autobahnen gibt es schon länger eine sogenannte Carpool-Lane. Auf die linke Spur dürfen zu bestimmten Zeiten nur Wagen, in denen mindestens drei Menschen sitzen. Aufgrund dieser Regel können etwa voll besetzte Reisebusse auf der linken Spur brettern, während auf den Spuren rechts daneben die Autos Stoßstange an Stoßstange stehen. Klar: Wenn drei Leute in einem Auto sitzen, verbrauchen Autos pro Person um zwei Drittel weniger Sprit und blasen pro Person auch um zwei Drittel weniger Emissionen in die Luft, als wenn nur einer drinsitzt. Zu dritt überholen die Autofahrer den Stau. Würden alle drei allein in ihrem Wagen sitzen, müssten sie warten. Da amerikanische Autos gemeinhin größer und schwerer sind als europäische oder fernöstliche, ist das auch dringend nötig. Warum soll man mit zwei Tonnen durch die Gegend fahren, nur um 70, 90 oder 150 Kilo (je nachdem, wie adipös der Fahrer ist) ans Ziel zu bringen? Die Leute halten sich daran – wer die Regel bricht und allein auf der linken Spur den Singlependlern rechts von ihm davonfährt, muss mehr als 250 Dollar Strafe zahlen. Eigentlich wäre das auch eine Idee für Deutschland.

Doch Schwarzenegger reicht das nicht aus, er fördert umweltbewusstes Autofahren noch mehr. Hybridfahrzeuge dürfen neuerdings links fahren, selbst wenn nur einer drinsitzt. Das sind Gefährte, die nicht nur einen normalen Antrieb haben, also einen Verbrennungsmotor, sondern auch einen Elektromotor. Auf den ersten Blick klingt das verrückt und nicht sonderlich sparsam – ein Elektromotor ist schwer, er benötigt große Batterien.

Doch das Auto schont wirklich die Umwelt. Der Antrieb mit Benzin oder Diesel wird eingesetzt, wenn das Auto schnell fährt und viel Leistung bringen muss – etwa auf der Autobahn. Der Elektromotor ist dazu da, um beim Bremsen die Energie der Bewegung zurückzugewinnen (zudem bietet der Elektromotor auch noch beim Anfahren und bei geringen Geschwindigkeiten Vorteile gegenüber Verbrennungsmotoren). Warum?

Erinnern Sie sich aus den Physikstunden in der Schule noch an den Energieerhaltungssatz? Energie geht nicht verloren; sie bekommt nur eine andere Form. Wenn man den ganzen Tank leer gefahren hat, ist die Energie noch da – sie wurde im Wärme umgesetzt; der Motor glüht, die Bremsen laufen heiß, und auch die Reifen werden warm und hinterlassen schwarze Spuren auf dem Asphalt. Doch diese Wärme eines Verbrennungsmotors nutzt einem nichts, seine Energie kann nicht mehr zurückgewonnen werden. Beim Elektromotor ist das anders. Schließen Sie an einen alten Dynamo vom Fahrrad mal eine Batterie an – der Dynamo fängt an, sich zu drehen. Ingenieure sprechen im Fall des Dynamos von einem Generator; er wandelt mechanische Energie (Bewegung) in elektrische Energie (Strom) um. Ein Elektromotor macht genau das Gegenteil, er wandelt elektrische Energie in mechanische um. Wenn man einen Dynamo am Fahrrad normal betreibt, funktioniert er als Generator, hält man eine Batterie an seine Elektroden, wird er zum Elektromotor. Dieses Prinzip wird immer häufiger im Verkehr eingesetzt. Viele Straßenbahnen oder die neuen ICEs gewinnen auf diese Weise Energie zurück. Und das macht auch ein Hybridfahrzeug. Wenn man Gas gibt, gibt der Motor Strom ab; wenn man bremst, kehrt sich das blitzschnell um; die Energie des Fahrens wird zurückgewonnen und damit die Batterie geladen. Weil man in der Stadt ständig bremst und anfährt, lohnt sich das besonders bei kurzen Strecken.

Hybridfahrzeuge verbrauchen also vor allem auf kurzen Strecken weniger Energie, also im Stadtverkehr. Auf längeren Autobahnfahrten drückt dagegen das höhere Gewicht auf den Verbrauch – hier wären sparsame Diesel besser.

Es lohnt sich deshalb, sehr genau zu überlegen, für welchen Zweck und welche Fahrsituation man in ein Auto investiert. Denn die Kaufentscheidung hat meist über viele Jahre finanziell wie ökologisch weitreichende Konsequenzen. Wenn man 20 000 Kilometer pro Jahr fährt und nur einen Liter mehr verbraucht als bei einem günstigeren Modell, sind das pro Jahr schon 200 Liter Sprit, also etwa 250 Euro, in zehn Jahren summiert sich das auf 2500 Euro – konstante Spritpreise vorausgesetzt, was aber ziemlich unwahrscheinlich ist. Und ein Liter Unterschied im Verbrauch ist nicht viel. Zwischen einem günstigen Diesel und einem spritfressenden SUV (»Sport Utility Vehicle«) können schon mal leicht sechs Liter pro 100 Kilometer Unterschied sein. Die 10-Jahres-Differenz wären in dem Fall schon 15 000 Euro – nur für mehr Sprit.

Übrigens: Dieselmotoren sind wegen ihres besseren Wirkungsgrades grundsätzlich günstiger im Verbrauch als Benziner. Wenn ein Liter Diesel verbrennt, entsteht zwar mehr $CO_2$ als bei Benzin (wegen der höheren Dichte von Diesel), aber insgesamt macht sich doch der niedrigere Verbrauch für die Umwelt bezahlt. Wenn man dann noch einen Rußpartikelfilter hat, ist der Dieselmotor eindeutig vorzuziehen.

Der Spritverbrauch ist hinsichtlich der Umweltbelastung sicher das wichtigste Kriterium bei der Wahl des Autos. Denn neben der Frage, wie wir mit knapper werdendem Öl umgehen, hängt damit faktisch auch zusammen, wie viel Treibhausgase und andere schädliche Emissionen ausgestoßen werden. Etwa 28 Prozent des so genannten Endenergieverbrauchs entfallen auf den Verkehr. Insbesondere der Straßenverkehr trägt zu den Emissionen von Klimagasen bei, mehr als ein Siebtel aller Emissionen entfallen auf ihn, Tendenz steigend. Wenn Sie sehen, wie viele Menschen heizen, wie viel die Industrie produziert und wie viele Flugzeuge fliegen, ist das ein riesiger Anteil.

Die Kaufentscheidung ist auch deshalb wichtig, weil das Käuferverhalten die Produktion bestimmt. Audi hatte schon 1997 ein Hybridfahrzeug auf A4-Basis angeboten, es aber sehr schnell wieder vom Markt genommen, weil es sich schlecht verkauft hat. Vom 3-Liter-Lupo kennt man Entsprechendes. Gegenwärtig wird aber wieder nachgelegt, und ab 2008 werden die meisten deutschen Autobauer mit Hybridfahrzeugen auf dem Markt vertreten sein, um der japanischen Konkurrenz Paroli zu bieten.

Doch was kann man für ein gutes Gewissen tun, wenn man sich kein neues Auto, schon gar kein Hybridauto leisten kann? Unter gleichen Bedingungen verbrauchen neue Autos weniger als alte. Da aber viele Neuwagen mehr PS haben und schwerer sind, wird das oft überkompensiert. Bei einem Neuwagen sollte man also vor allem darauf achten, wie viel er verbraucht und wie viele Abgase er ausstößt. Dies wird durch die »Euro-Normen« angegeben, die mit »Euro 1« zu Beginn der neunziger Jahre anfingen und sich fortlaufend verschärfen. So wurde die zulässige Menge des Ausstoßes von giftigem Kohlenmonoxid zwischen 1992 und heute bei Benzinern auf ein Drittel, bei Dieselfahrzeugen auf ein Sechstel des ursprünglichen Wertes gesenkt. Momentan gilt für alle Neuzulassungen »Euro 4«, die aber nur von 25 Prozent der in Deutschland zugelassenen PKWs erfüllt wird. Ab 2009 wird dann »Euro 5« gelten. Wenn man einen Diesel kaufen möchte (der grundsätzlich die sparsamere Motorvariante bietet), sollte man besonders auf die Emissionswerte vom Dieselruß achten. Ab 2008 wird ein Zuschlag fällig, wenn man keinen

**IDEE**
**Autos vernünftig kaufen**

**So geht's**
Auf geringen Spritverbrauch und niedrige Emissionswerte achten – oder gleich Carsharing-Kunde werden

**Das bringt's**
Schonen der Ölvorräte, weniger Treibhauseffekt, weniger Dieselrußpartikel

**Das sind die Nebeneffekte**
Viel Geld sparen – durch Kaufentscheidung Produktpolitik von Herstellern beeinflussen

**Wie oft muss man es tun?**
Selten

**Wie aufwendig ist es?**
Nicht schwierig, aber Abstriche am Traumauto kosten viele viel Überwindung

**Gutes-Gewissen-Faktor (7)**
♣♣♣♣♣♣♣ (Effekt: 3; Häufigkeit: 1; Aufwand: 3)

Partikelfilter hat, selbst wenn man die heutige strenge Euro-4-Norm erfüllt. Und gerade in Ballungszentren wird es künftig immer mehr zu Fahrverboten für Fahrzeuge kommen, die schlechte Emissionswerte haben.

Der Verkehrsclub Deutschland kürt in seiner Umweltautoliste jährlich die sparsamsten Autos. Traurig, aber wahr und für viele nicht überraschend: Unter den besten zehn ist nur ein einziges deutsches Auto – der VW Polo Blue Motion. Angeführt wird die Liste vom Honda Civic und Toyota Prius, beide Hybrid, dann folgen der Citroën C1 Advance und der Peugeot 107 Petit Filou.

Die SUVs, diese riesigen Autos, mit denen manche Menschen die urbane Wildnis zähmen wollen (echte Förster fahren mit einem normalen Allradwagen durch den Wald; urbane Landschaftspfleger brauchen für jeden Tempo-30-Hubbel einen großen Schlitten), fressen schon mal ihre 15 bis 19 Liter pro 100 Kilometer. Das verträgt sich sicher nicht mehr mit einem guten ökologischen Gewissen.

Beim Neukauf eines Autos sollte man auch im Blick haben, was mit dem alten passiert. Schätzungen zufolge werden 2,5 Millionen Autos jedes Jahr von Deutschland aus nach Afrika oder Osteuropa exportiert; da führen sie ein zweites oder drittes Leben. Man lügt sich natürlich in die Tasche, wenn man sich ein sauberes Auto kauft, die alte Dreckschleuder aber sonstwo die Luft verpestet. Dem Klima ist es egal, aus welchem Land die Treibhausgase kommen.

Doch ist es nicht besser, wenn jemand anderer was von dem Auto hat, bevor man es verschrottet? Na ja, so einfach ist es nicht. In Deutschland können bei besonders sensiblen Teilen, etwa dem Katalysator, bis zu 98 Prozent recycelt werden. Können! Faktisch sind es weniger als 50 Prozent, und das liegt an den Ausfuhren alter Autos in die Welt.

Wenn Sie all diese Argumente nicht überzeugt haben, Sie sich ein neues Auto ohnehin nicht leisten können oder einfach der Meinung sind, dass man ziemlich viel Geld für ein eigenes Auto ausgibt, wenn man alles zusammenrechnet, dann sollten Sie vielleicht über ein Statt-Auto nachdenken. Solche Carsharing-Angebote gibt es mittlerweile in über 260 deutschen Städten und Gemeinden mit knapp 3000 auf Abruf verfügbaren Autos; die Nutzer sind begeistert. Sie müssen sich fast um nichts mehr selber kümmern – der Carsharing-Anbieter übernimmt Wartung und Pflege, Reinigung, Vollkaskoversicherung und sorgt für regelmäßige Inspektionen. Auch tanken müssen Sie in der Regel nur dann, wenn der Tank am Ende der Fahrt weniger als ein Viertel voll ist. Zudem sind die Autos meist weniger als zwei Jahre alt, per Telefon oder Internet buchbar und an vielen Stationen rund um die Uhr erreichbar. Gegenüber einem eigenen Auto hat man also viele Vorteile zu einem deutlich günstigeren Preis. Ein Carsharing-Auto ersetzt vier bis zehn andere PKWs, das schont Ressourcen und verringert das Verkehrsaufkommen.

Arnold Schwarzenegger wird irgendwann in die Geschichtsbücher eingehen als Umwelt-Aktivist. Man selber braucht das nicht. Will es vielleicht auch nicht. Eine vernünftige Entscheidung beim nächsten Autokauf bringt aber auch was. Und lässt einen selbst ein kleines bisschen zum Ökonator werden.

## Kapitel 30
## Seine Berufung verwirklichen

Eigentlich ist Jörg glücklich. Kurz nach seinem vierzigsten Geburtstag war er befördert worden und ist nun Abteilungsleiter, Chef einer Gruppe von 45 Mitarbeitern. Die Kollegen schätzen seine Durchsetzungskraft, die Kolleginnen mögen das Grübchenlächeln, mit denen er jede Nachricht verkaufen kann, auch schlechte. Die Praktikanten wollen mal so sein wie er, und die Praktikantinnen himmeln ihn an, besonders seitdem er mit Sarah, der 26 Jahre alten Projektleiterin, liiert ist, die mit ihrer Masche, sich niemals die Finger- oder Fußnägel zu lackieren, mittlerweile viele Nachahmerinnen hat.

Eigentlich ist Jörg glücklich. Eigentlich.

Eigentlich ist auch Sandra glücklich. Sie ist promovierte Germanistin und quasi aus der Disputation in ihr Büro bei einer internationalen Managementberatung gestolpert. Sie hat sich nach oben gearbeitet, ein Projekt hetzt das nächste, das Jahresgehalt ist hoch und ihr Dienstwagen schnell.

Eigentlich ist Sandra glücklich. Eigentlich.

Eigentlich ist auch Daniel glücklich. Sein Sohn Finn ist drei Jahre, er erzieht ihn allein, und vergangenes Jahr hat Daniel wieder angefangen, als Sozialarbeiter »Jugendlichen mit Migrationshintergrund«, wie er gern sagt, zu helfen. Es ist ein wenig aufreibend in diesem Job und dafür mies bezahlt, aber meistens macht es ihm Spaß. Oft jedenfalls. Oder manchmal?

Eigentlich ist Daniel glücklich. Eigentlich.

Jörg, Sandra und Daniel könnten auch Sabine, André und Eva heißen. Oder Petra, Christian und Ralph. Denn es geht vielen so wie ihnen. Sie haben einen Job, mit dem sie Geld verdienen. Sie haben einen Job, der Spaß machen kann. Sie sammeln zu viele Überstunden an, aber oft, weil sie dies als Teil eines großen Kontrakts sehen: Wenn man viel arbeitet, wird man auch eine große Karriere machen. Die Arbeit ist der Preis, den man zahlen muss, um das Leben zu genießen.

Auf dem Klassentreffen sehen sie manchmal die Leute, die einen stinknormalen Nine-to-five-Job machen. Den Buchhalter etwa, der nach sechs Stunden Arbeit schon die Stunden bis zum Dienstschluss zählt – der sich selbst aber über das definiert, was er nach dem Job tut, nicht über das, was er im Job tut, genauso wie die Bankangestellte, die ziemlich ausgefüllt ist von ihrem Achtstundentag und sich auf ihr freiwilliges Engagement im Sportverein freut, während die Overachiever und Bestperformer gar nicht wüssten, was sie tun sollten nach dem Job oder sogar ohne Job.

Viele sind in den Mühlen ihres Alltags so gefangen, dass sie den Sinn des Lebens aus den Augen verlieren.

Die Frage nach der Sinnhaftigkeit, die stellen sich viele über lange Jahre nicht. Erst wenn es einmal kriselt, wenn nicht alles immer weiter nach oben geht, halten sie inne – und fragen sich, was sie ändern können an sich und an ihrem Leben. Solche Situationen sind »Hätte ich doch …«-Momente. Hätte ich doch damals Henri nicht verlassen, mit dem ich so viele wunderbare Stunden verbracht habe – doch er hat ständig gemault, wenn ich das Wochenende mit meinem Büro statt mit ihm verbracht habe. Aber was hätte ich denn auch tun sollen? Es schien mir wichtig für meine Karriere, mein Fortkommen. Hätte ich doch damals lieber noch ein Auslandssemester in einem fernen Land eingelegt, anstatt das siebente Praktikum zu machen! Hätte ich doch damals nicht mit dem Gitarrespielen aufgehört, weil ich dachte, ich müsste lernen! Hätte ich doch damals lieber neue Leute in der fremden Stadt kennengelernt anstatt nur Kollegen!

Lebenskrisen brechen aus, Midlifecrises, aber auch schon Quarterlifecrises, die die Ersten mit Ende zwanzig haben, wenn sie erfolgreich sind, aber nicht sehen, wie sie ihr Leben weiterverfolgen sollen. Managementtrainer predigen seit Jahren, man solle nicht nur die Dinge richtig tun, also effizient sein, sondern vor allem die richtigen Dinge tun. Doch wie geht das?

Der Weg zu den richtigen Dingen kann in zwei Etappen verlaufen: Etappe 1 heißt »Vom Suchen zum Finden«. Etappe 2 nennen wir »Vom Finden zum Umsetzen«.

Auf der ersten Etappe kann man den Zusammenhang zwischen Beruf und der eigenen Berufung klären. Die Worte haben die gleiche Sprachwurzel. Das deutsche Wort Beruf ist ein Erbe aus der Reformationszeit. Denn nach Martin Luther kann jede für die Gesellschaft wichtige Tätigkeit eine göttliche Berufung sein, die man als Beruf haben kann – im Unterschied zu der Vorstellung, dass nur bestimmte geistliche Ämter mit einer Berufung versehen wären. Vielleicht haben Sie mal von Max Webers ›Wissenschaft als Beruf‹ gehört oder diesen Vortrag sogar gelesen – das ist kein Jobratgeber, bei dem es um den schnellsten Weg auf die W3-Professur geht. Sondern es geht darum, dass Wissenschaft nicht nur Beruf, sondern Berufung ist. Wichtig ist, dass die Berufung als Auftrag an einem größeren Ganzen verstanden wird – zum Beispiel als Dienst an der Gemeinschaft oder als Dienst an der Umwelt. Das ist genauso beim Wort Sinn. Der Sinn von etwas kann immer nur außerhalb desselben liegen. Sinn ist immer auf einen Zusammenhang angewiesen. Die Suche nach Sinn steht also dem ständigen Um-sich-selber-Kreisen entgegen. Und deshalb ist es wichtig, sich auch in ›Welt retten für Einsteiger‹ mit Sinn und Berufung zu befassen.

Vielleicht verwirklichen Sie Ihre Berufung schon? Dann nehmen Sie sich gelegentlich Auszeiten, um sich darüber zu freuen, dass das so ist, und um daraus Kraft zu tanken. Und wenn nicht? Wie können Sie Ihre Berufung finden? Wie erfährt man, worin sein größtes Potenzial liegt und wie man das am besten in dieser Welt einbringen kann? Um sich diesen Fragen zu nähern, kann Stille sehr hilfreich sein. Man kann sich einen Ort in der Natur suchen, am besten einen mit schöner Aussicht, an einem See oder einer Anhöhe. Einsam muss er sein, der Ort, das ist das Wichtigste. Handy und Blackberry aus! Wenn man sich hinsetzt

**IDEE**
**Seine Berufung verwirklichen**

**So geht's**
Auszeit nehmen, nachdenken, Ideale verwirklichen

**Das bringt's**
Selbstbestimmt leben und die Gemeinschaft voranbringen

**Das sind die Nebeneffekte**
Zufriedenheit

**Wie oft muss man es tun?**
Immer mal wieder

**Wie aufwendig ist es?**
Kostet einige Überwindung

**Gutes-Gewissen-Faktor (7)**
♣♣♣♣♣♣♣ (Effekt: 2; Häufigkeit: 2; Aufwand: 3)

und die Stille auf sich wirken lässt, können 75 Minuten unglaublich vieles zutage fördern, was im Grundrauschen des Alltags kein Gehör findet.

Direkt nach dem Nachdenken sollte man die Gedanken und Ideen aufgreifen, damit sie nicht verloren gehen: Was habe ich Neues über mich erfahren? Was muss ich sofort angehen? Wie kann ich die Dinge des Alltags in eine Richtung lenken, die mir langfristig erstrebenswert erscheint?

Die nächste Teilstrecke auf der Etappe »Vom Suchen zum Finden« ist das Gespräch – am besten mit Menschen außerhalb des engeren Arbeitsumfeldes, die aber trotzdem in einer ähnlichen Lebenssituation sind. Schulfreunde eignen sich, Kommilitonen, auch Gleichaltrige, mit denen einen etwas verbindet, Engagement, Glaube, politische Überzeugungen. In Reflexion mit diesen Menschen kann man herausfinden, ob die eigenen wabernden Ideen nicht nur Hand und Fuß, sondern vor allem auch Herz und Bauch hinter sich haben.

Doch was passiert, wenn man den Lebenstraum nun erkannt hat? Man muss ja vielleicht nicht gleich ganz aussteigen oder den Job an den Nagel hängen. Auch mit kleinen Akzenten kann man vieles von dem verwirklichen, was einem wichtig ist; zum Beispiel den Fernseher verschenken und stattdessen mehr Zeit zum Lesen, Musikhören oder für Freunde haben. Oder sich eine Auszeit vom Beruf gönnen, um eine Fortbildung zu machen oder für eine gewisse Zeit bei einem Entwicklungshilfeprojekt mitzumachen. Es gibt sogar schon große Unternehmen, die ihre Mitarbeiter bei so etwas unterstützen – nicht nur wegen des erhofften Prestigegewinns, auch weil die Mitarbeiter nach einer solchen Zeit mit neuen Eindrücken, Erfahrungen und Ideen nach Hause kommen. Aber vielleicht ist auch ein radikalerer Wechsel angesagt: Jörg will vielleicht lieber ein Entwicklungsprojekt initiieren. Sandra will lieber eine Grundschule aufmachen. Und Daniel möchte den ganzen Tag bei seinem Sohn sein. An dieser Stelle beginnt die zweite Etappe, beginnt »Vom Finden zum Umsetzen«. Doch genau an dieser Stelle verlässt viele der Mut. Klar: Sich in finanzielle Abenteuer zu stürzen, um sich selbst zu verwirklichen, ist keine Sache für jeden. Und wer eine Familie hat, Kinder, der wird sich so was aus gutem Grund dreimal überlegen. Doch man sollte den Lebenstraum deshalb nicht gleich begraben – man kann versuchen, im eigenen Berufsfeld glücklicher zu werden. Oder man kann sich parallel zur bisherigen Welt Testfelder aufbauen. Auf denen kann man ohne Risiko üben und sich ausprobieren – und das aus der Nähe kennenlernen, was man vielleicht künftig in großem Stil praktizieren will. Wer lieber einen kleinen Laden eröffnen will, statt jeden Tag ins Büro zu fahren, kann etwa den Inhaber eines Ladens den ganzen Tag lang begleiten, quasi als Schatten – das vermittelt einen Eindruck von dem, was man noch lernen muss, bevor es richtig losgehen kann.

Natürlich ist der Sprung in eine neue Geschäftswelt nicht

ohne Risiko. Man sollte sich eine Rückfallposition erhalten – mit der man sein Grundeinkommen sichern, den Lebensstandard halten kann, wenn das ganze neue Vorhaben zwar interessant ist, aber zu wenig Geld bringt. Einen Risikoausschluss gibt es nicht – doch man kann die Gefahr durch gute Vorbereitung reduzieren. Dass es besser wird, wenn es so weiterläuft wie bisher, garantiert einem ja auch niemand.

Ob Jörg, Sandra oder Daniel einmal was anderes machen werden? Das ist nicht klar. Doch vielleicht finden sie ihre Berufung, finden etwas, das sie glücklich macht. Nicht nur eigentlich. Sondern uneigentlich.

## Die Autoren

**Dr. Dr. Christian Berg**, geboren 1967 in Hamburg, hat Physik, Philosophie und Theologie studiert und in Theologie sowie in Ingenieurwissenschaften promoviert. Seit etwa zehn Jahren forscht und arbeitet er zur nachhaltigen Entwicklung. Zunächst hat er an der Technischen Universität Clausthal den Zusammenhang von Vernetzungsprozessen und Nachhaltigkeit untersucht. Er ging dann zu einer Unternehmensberatung im Bereich Corporate Social Responsibility, bevor er zur SAP AG wechselte, wo er Produktmanager ist.

Er ist außerdem Dozent für Umweltschutz und Nachhaltigkeit an der TU Clausthal sowie an der Hochschule für Gestaltung in Schwäbisch Gmünd. Er hat mehrere Bücher geschrieben, zuletzt eines, das die Auswirkungen weltweiter Vernetzungen auf eine nachhaltige Entwicklung untersucht (›Vernetzung als Syndrom‹). Er war Mitbegründer und bis 2007 Koordinator des Think Tank 30 Deutschland des Club of Rome. Die Idee für ›Welt retten für Einsteiger‹ kam von ihm, er war für die Themenwahl und inhaltliche Gestaltung verantwortlich, hat viele Kapitel recherchiert und einige geschrieben.

**Manuel J. Hartung**, geboren 1981 in Fritzlar, besuchte nach Abitur und Zivildienst in Kassel die Henri-Nannen-Journalistenschule in Hamburg und arbeitete dann als jüngster Redakteur der Wochenzeitung ›Die Zeit‹. In Bonn und an der New York University studierte er mit Stipendien der Studienstiftung des deutschen Volkes und der Studienstiftung der ›Süddeutschen Zeitung‹ Geschichte, Jura und Psychologie. Er hospitierte bei ›Spiegel‹, ›Deutschlandfunk‹ und ›FAZ‹, unterrichtete an der Universität Göttingen und schrieb für die kalifornische Tageszeitung ›Oakland Tribune‹; 2005 wurde er mit dem Axel-Springer-Preis ausgezeichnet. 2006 wurde er stellvertretender Chefredakteur von ›Zeit Campus‹, dem neuen Studentenmagazin der ›Zeit‹, seit Juli 2007 ist er dessen Chefredakteur. Er engagiert sich im Think Tank 30 Deutschland des Club of Rome, wo er mit Christian Berg ›Welt retten für Einsteiger‹ konzipierte. Er hat die Recherchen der Kollegen aus dem Think Tank in den Text umgesetzt. ›Welt retten für Einsteiger‹ ist nach seiner Erzählung ›Der Uni-Roman‹ sein zweites Buch.

Dieses Buch wäre nicht möglich gewesen ohne die Recherchen vieler Mitglieder des Think Tank 30 Deutschland des Club of Rome. Der Think

Tank 30 Deutschland ist ein Netzwerk junger Leute um die 30, die sich mit Zukunftsfragen auseinandersetzen. Als unabhängige Gruppe trägt er zu gesellschaftlichen Debatten bei und formuliert Empfehlungen für eine langfristige Politik.

Der Think Tank ist ein nationales Forum, das interdisziplinär und interkulturell ausgerichtet ist.

Mehr Informationen zum Think Tank 30 finden Sie unter http://www.tt30.de.

Weitere Informationen zum Thema ›Welt retten für Einsteiger‹ finden Sie unter http://www.welt-retten-fuer-einsteiger.de.

Zu diesem Buch haben folgende Mitglieder des Think Tank 30 Deutschland beigetragen:

**Dr. Pascal Bader**, geboren 1970, studierte Volkswirtschaftslehre an der Universität Augsburg und promovierte zum Emissionsrechtehandel für Treibhausgase in der EU. Von 1997 bis 1998 forschte er an der John F. Kennedy School of Government der Harvard University. Er arbeitet als Referent für Umweltpolitik und Nachhaltigkeit im Umweltministerium Baden-Württemberg, dort ist er zuständig für die Nachhaltigkeitsstrategie Baden-Württemberg. Zu ›Welt retten für Einsteiger‹ hat er durch Recherchen zu den Themen Blumen, Wein und Altkleider beigetragen.

**Julika Bleil**, Jahrgang 1981, hat Wirtschaftsingenieurwesen an der TU Hamburg-Harburg studiert und arbeitet derzeit als Beraterin bei der Boston Consulting Group. Für ihre Arbeit »Advanced Energy Systems for Future Aircraft: Further Development, Optimisation Strategies and Technology Evaluation« ist sie mit dem Innovationspreis 2006 des Wasserstoff- und Brennstoffzellen-Verbands ausgezeichnet worden. In ›Welt retten für Einsteiger‹ hat sie zu »Sinnvoll investieren« und zur Kinderarbeit recheriert.

**Fabian Brandt**, geboren 1971, hat in Göttingen Biologie studiert sowie Graduate Studies in Marine Science an der University of Miami. Er arbeitet gegenwärtig als Senior Consultant und Unit-Leiter bei der Managementberatung fischerAppelt, profiling mit den Schwerpunkten Business Development und Sustainability. Für dieses Buch hat Fabian Brandt recherchiert, wie man Dingen ein zweites Leben gibt, sowie zu den Themen »Stromsparen«, »Abfall vermeiden«, »Lokal und saisonal einkaufen« und »Kinder für die Natur begeistern«. Er ist seit 2007 Koordinator des Think Tank 30 Deutschland.

**Wolfgang Gründinger**, Jahrgang 1984, ist Politikwissenschaftler und Soziologe und absolviert derzeit einen Master in Betrieblichem und Öffentlichem Umweltmanagement in Berlin. In seiner Freizeit reist er durchs Land, um sein Buch ›Die Energiefalle‹ vorzustellen und für erneuerbare Energien zu werben. Sein Engagement für Generationengerechtigkeit wurde mehrfach ausgezeichnet. Zu diesem Buch hat er zum Thema Klima sowie zu den Kapiteln »Atomausstieg hausgemacht« und »Schöner schenken« beigetragen.

**Dr. Jana Hettling**, geboren 1976, hat Jura in Bonn, Mailand und Leiden studiert. Sie hat über den internationalen Rechtsrahmen der satellitengestützten Erdbeobachtung promoviert und arbeitet derzeit als Rechtsanwältin in einer internationalen Sozietät im Bereich Gewerblicher Rechtsschutz und Informationstechnologie. Zu diesem Buch hat sie durch Recherchen zum Thema »Kirchensteuer zahlen, ohne fromm zu sein« beigetragen.

**Dr. Gesa Köberle**, geboren 1973, ist Geo- und Politikwissenschaftlerin und hat zum »Nachhaltigen Wassermanagement« promoviert. Sie arbeitet als Senior Consultant bei Five Winds International, einem Beratungsunternehmen für nachhaltiges Wirtschaften, und ist zuständig für das European Business Development. Zugleich ist sie Lehrbeauftragte der Universität Tübingen für Europäische Umwelt- und Produktpolitik. In diesem Buch hat sie das Thema »Gutes tun am Arbeitsplatz« recherchiert.

**Dr.-Ing. Ivo Mersiowsky**, geboren 1969, ist Senior Consultant bei Five Winds International, dort zuständig für das European Business Management. Davor war er Projekt- & Fachabteilungsleiter Life Cycle & Sustainability bei Solvay Management Support (Hannover), wo er sich unter anderem mit Ökobilanzen von Wärmedämmsystemen beschäftigte. Dabei machte er die Erfahrung, dass gerade in der Altbausanierung riesige Potenziale für Umwelt und Volkswirtschaft bestehen. Deshalb hat er bei diesem Buch zum Kapitel »Das Haus richtig dämmen« beigetragen.

**Alexander Nick**, Jahrgang 1974, ist seit 2004 Mitglied im Think Tank 30 Deutschland. Der studierte Wirtschaftsingenieur arbeitet als Managementberater an der Frage, wie Unternehmen gesellschaftliche und ökologische Aspekte gewinnbringend in ihre Strategie integrieren können. Zurzeit schreibt er an der Lausanner Business School IMD seine Dissertation zum Thema »Langfristdenken in Unternehmen«. Alexander Nick hat zu den Kapiteln »Überlegter fliegen« und »Den richtigen Fisch essen« beigetragen.

**Dr. Tobias Plieninger**, Jahrgang 1971, studierte Forst- und Umweltwissenschaften in Freiburg, Göttingen und Berkeley. Seit 2004 koordiniert er die interdisziplinäre Arbeitsgruppe »Zukunftsorientierte Nutzung ländlicher Räume« an der Berlin-Brandenburgischen Akademie der Wissenschaften. Zu seinen Interessensgebieten gehören Fragen des Naturschutzes, der Landnutzung und der Energiepolitik. Von 1987 bis 1995 engagierte er sich in der Jugendorganisation des Naturschutzbundes Deutschland (NABU). Für dieses Buch hat er zum Thema Autokauf recherchiert.

**Milena Riede**, geboren 1972, hat Sozialwissenschaften an der KSFH München Abteilung Benediktbeuern studiert und neben dem Diplom in Sozialpädagogik einen Master of Business Administration an der Berlin School of Economics und London South Bank University erworben. Sie promoviert derzeit an der Universität Kassel in Wirtschaftswissenschaften zum Thema »Nachhaltige Unternehmensführung, Stakeholder Dialog und Konfliktmanagement« und ist Trainerin des Business Mediation Center Berlin. Zu diesem Buch hat sie mit Recherchen zu den Kapiteln »Tauschen statt kaufen« und »Nachhaltig reisen« beigetragen.

**Friederike Schultz**, geboren 1980, hat neben dem Studium der Gesellschafts- und Wirtschaftskommunikation, Philosophie und Wirtschaftswissenschaften in Berlin das Kommunikationshandwerk als Strategische Planerin für Werbe-, Marketing- und Webkonzepte gelernt. Derzeit promoviert sie in Kommunikationswissenschaft über »Normative Konzepte und Theorien der Organisationskommunikation« mit Forschungsaufenthalten in Nottingham, Cambridge und St. Gallen. In diesem Buch hat sie zum Kapitel »Die digitale Welt richtig nutzen« beigetragen.

**Dr. Arndt H. Zeitz**, Jahrgang 1969, ist Führungskraft für internationale Personalentwicklung in einem großen Automobilkonzern. Für dieses Buch hat er zum Kapitel »Seine Berufung verwirklichen« beigetragen. Der promovierte Wirtschaftsingenieur und Vater von drei Kindern lehrt an der Universität Karlsruhe (TH). Bei tt30 engagiert er sich in Projekten, die auf persönlichen Wandel im Zusammenhang mit nachhaltigem Wachstum zielen.

**Danksagung**

Wir bedanken uns herzlich bei allen, die zu diesem Buch beigetragen haben. Ohne sie wäre es nie zu ›Welt retten für Einsteiger‹ gekommen. Wir danken Professor (em.) Dr.-Ing. Michael F. Jischa, dem Ehrenvorsitzenden der Deutschen Gesellschaft Club of Rome, sowie dem Think-Tank-Mitglied Dr. Oliver Schultz für die genaue Korrekturlektüre. Sie haben Stärken des Buches herausgearbeitet, ohne für seine Schwächen verantwortlich zu sein.

Wir danken ganz herzlich Katharina Festner, unserer umsichtigen Lektorin beim Deutschen Taschenbuch Verlag, für viele Anregungen und die gute Zusammenarbeit. Ebenso danken wir Dr. Ernst Piper, unserem Agenten, für seinen nimmermüden Einsatz.

Und wir danken unseren Familien für Inspiration und großartige Unterstützung: Daniela, Melvin und Gabriel sowie Marianne, Thomas und Dorothee.

*Mehr Infos zum Buch und über das Thema Nachhaltigkeit unter www.welt-retten-fuer-einsteiger.de*

**Hinweis**

Wir haben das Buch sauber recherchiert und würden uns freuen, wenn möglichst viele Menschen unsere Ideen umsetzten. Trotzdem übernehmen wir natürlich keine Haftung für etwaige Folgen, die sich daraus ergeben könnten – in welche Richtung auch immer die gehen mögen.